Mit meinem FIAT Balilla 508 Spider von 1935 vor der Oldtimer-Tankstelle in Hamburg-Rothenburgsort

CLAUS MIRBACH

VORFAHRT FÜR OLDTIMER

Eine Auto-Biografie

Husum

Titelfoto: Heinz Fremke. Er arbeitete nach dem Zweiten Weltkrieg als Fotograf in Hamburg und gründete in der Hansestadt die Bildagentur Conti-Press, die schwerpunktmäßig Ereignisse in Hamburg dokumentierte. U.a. waren die Fotografen Gerd Heidemann und Peter Leibing für die Agentur tätig; Leibing nahm im Auftrag von Conti-Press das Motiv „Sprung in die Freiheit" auf, welches die Flucht eines NVA-Soldaten in den Westsektor Berlins zum Zeitpunkt des Mauerbaus zeigt.
Mit freundlicher Genehmigung des Hamburger Staatsarchivs.

Bibliografische Information der Deutschen Nationalbibliothek

Die Deutsche Nationalbibliothek verzeichnet diese Publikation in der Deutschen Nationalbibliografie; detaillierte bibliografische Daten sind im Internet über http://dnb.dnb.de abrufbar.

Gesamtherstellung: Husum Druck- und Verlagsgesellschaft
Postfach 1480, D-25804 Husum – www.verlagsgruppe.de
ISBN 978-3-89876-742-2

Mein Dank gilt Britta,
mit der ich seit mehr als 30 Jahren verheiratet bin.
Sie hat die Geschichten angehört oder miterlebt
und in Schriftform umgesetzt.

Ich widme dieses Buch meinen Kindern:
Nicolas, Vanessa, Isabell, Constantin und Charlotta

Dieses Buch erzählt Geschichten, die ich seit 1957 selbst erlebt habe. Damals begann ich mit Automobilen zu handeln. Skurril, überraschend, aber immer mit einem Augenzwinkern, so habe ich es empfunden.

Claus Mirbach, geb. 1937, begann Ende der 1950er-Jahre mit dem Handel von Automobilen. Im Jahre 1963 mietete er das erste Ladengeschäft in Pöseldorf an. Als dort 1967 neu gebaut wurde, verlegte er sein Geschäft den Mittelweg hinauf in die Nummer 46. Dort begründete er den Ruf des renommierten Oldtimerhandels. 1987 verkaufte er sein Unternehmen an Stefan Luftschitz, der es viele Jahre erfolgreich weiterführte. In dieser Zeit baute Claus Mirbach in Mölln die Firma MIKA, Oldtimer Restaurierungen auf und geriet in den Strudel der Grenzöffnung. Mölln, früher mit dem Rücken zur Wand, lag nun mit einem Mal in der Mitte Deutschlands. Nun war jeder fahrbare Untersatz gefragt, erst kamen die Mecklenburger, dann die Balten, dann die Russen. Zehn turbulente Jahre, kaum Ferien und ständig eine Sechs- bis Siebentagewoche. Stefan Luftschitz holte Claus Mirbach im Jahre 2000 wieder in sein Unternehmen, auf die Kontakte und das Wissen wollte er nicht verzichten. Als Luftschitz das Unternehmen im Jahre 2010 nicht weiterführen konnte, machte sich Claus Mirbach zusammen mit seiner Frau Britta noch einmal selbstständig und betreibt heute einen Handel mit Oldtimern in Hamburg-Lokstedt. Back to he roots – mit 73 Jahren noch einmal Jungunternehmer.

TROTZ VIELER REPARATUREN AM HEALEY – WIR VERLIEREN DAUERND DEN AUSPUFF – IMMER EIN WEISSES HEMD

Auf nach España

Das Jahr 1962 begann im Februar mit einer Sturmflut. Los ging es am 15. dieses Monats mit einer Orkanwarnung, am 16. Februar kam der Sturm an der Nordsee auf, mit damals nicht mehr messbaren Stärken. Im Laufe des Tages und der nächsten Nacht schwappte die Welle über Elbe, Weser und deren Nebenflüsse ins Binnenland. Im Süden Hamburgs brachen die Deiche und das Wasser lief in bewohnte Gebiete. Eine Katastrophe! Viele Menschen wohnten so kurz nach dem Krieg noch als ausgebombte Siedler in einstöckigen Behelfsheimen und hatten die Gefahr nicht kommen sehen. Mit letzter Kraft retteten sich die meisten auf die Häuserdächer oder versuchten, irgendwie zu entkommen.
Ehe die Behörden richtig realisiert hatten, was geschehen war, standen die Stadtviertel im Süden Hamburgs – besonders Wilhelmsburg war betroffen – meterhoch unter Wasser. Dramatische Rettungsaktionen mussten schnellstens eingeleitet werden. Hier bewies der re-

solute Helmut Schmidt, unser späterer Bundeskanzler, als Hamburger Polizeisenator (heute: Innensenator) sehr großes Organisationstalent und zupackendes Geschick. Er nutzte seine Bundestagsverbindungen zur NATO und forderte schnell Streitkräfte als Pioniertruppen mit Sturmbooten und 100 Hubschrauber der Bundeswehr und der Royal Air Force zur Bergung der Menschen in Wilhelmsburg, Moorfleet und den anderen betroffenen Stadtteilen an. Boote und Sanitäter, Rotes Kreuz, Feuerwehren und Technisches Hilfswerk sowie viele freiwillige Helfer wurden auf den Weg geschickt.

Als ich am 17. Februar morgens im Radio hörte, was geschehen war, brach ich mit meinem Willys Jeep auf, um irgendwie zu helfen. Ich meldete mich an einer Sammelstelle und wurde mit Decken hin und her geschickt, außerdem transportierte ich Menschen an sichere Orte. Als das Wasser langsam ablief, trat erst das ganze Ausmaß der Katastrophe zutage. Mehr als 300 Tote sowie Tierkadaver überall. Der Schock saß tief, aber auch die Erkenntnis, dass eine gemeinsam bewältigte Katastrophe neue Prioritäten im Leben setzte.

Trotzdem: Wir waren wieder wer. In Deutschland war das Wirtschaftswunder in vollem Gange, nach der Fresswelle folgte jetzt die Reisewelle, und mit ein wenig Geld war es möglich, kreuz und quer durch ganz Europa zu fahren. Einiges hatte ich während meiner Zeit als Spezialreiseleiter für Skandinavier in Italien zwischen 1956 und 1957 schon gesehen, die Blaue Grotte auf Capri, den Vesuv, Rom – die ewige Stadt –, auch die Schweiz und Österreich hatte ich schon besucht. Die Romane Ernest Hemingways faszinierten mich, besonders die Geschichte der fünften Kolonne und der Film „Wem die Stunde schlägt", 1943 verfilmt mit Ingrid Bergman und Gary Cooper; beides Geschichten aus dem spanischen Bürgerkrieg. Dieses Spanien wollte ich kennenlernen.

Nach der Sturmflut und dem Frühjahr hatte ich große Lust, meine Sehnsucht nach Spanien zu stillen. Diese merkwürdige Mischung aus Modernität in der Kunst – Gaudí als Architekt und Picasso als Maler auf der einen Seite, strenger katholischer Glaube und Tradition auf

der anderen Seite – wirkten anziehend auf mich. Mit meinem alten Schulfreund Atta machte ich mich auf nach Lloret de Mar nahe Barcelona. Wir hatten zufällig von dem verschwiegenen, unbekannten Badeort gehört, wenige Touristen, eine Tanzbar, vier oder fünf Restaurants, kleine Pensionen und einige kleine Hotels, die sich um den beschaulichen Hafen drängten.
Unser Reisewagen war ein weißer Austin Healey, Baujahr 1955, mit rotem Kunstleder – sehr schick. Das kleine Zelt für zwei Personen, einige sommerliche Kleidungsstücke, schließlich ist es in Spanien immer wunderbar warm, und etwas Proviant bildeten unser ganzes Gepäck. In einem Rutsch ging es durch bis nach Mülhausen an der französischen Grenze. Im Radio dudelten Gerhard Wendland, Freddy Quinn und Conny Froboess und mein Liebling Caterina Valente.
Dieses Dreiländereck zwischen Deutschland, der Schweiz und Frankreich hat eine ganz besondere Atmosphäre, und für uns Norddeutsche wirkt es schon fast ein wenig exotisch. Es ist wärmer, die Sonne scheint häufiger, es ist eine uralte Kulturlandschaft und es gibt eine völlig andere Gasthauskultur. Nicht wie bei uns mit Bier drinnen am Tresen, sondern draußen sitzen, Wein trinken und einfache, aber raffinierte Speisen genießen. In Norddeutschland aß man Anfang der Sechzigerjahre höchstens mal am Wochenende in ländlichen Gasthäusern auf einer Terrasse im Sonnenschein, aber bestimmt nicht mitten in der Stadt einfach auf dem Trottoir.
Heute verbindet jeder Autoenthusiast mit dem Ort Mulhouse im Elsass das Automuseum, entstanden aus der Sammlung der Gebrüder Schlumpf. Die Industriellenbrüder, Hans (1904) und Fritz (1906), reich geworden mit Textilien, arm geworden durch ihre ungezügelte Sammelleidenschaft, flohen 1977 ins schweizerische Exil. Es ist eine tragische Geschichte, die dem französischen Staat dieses bedeutendste Automuseum der Welt beschert hat.
Die beiden Brüder hatten eine große Sammelleidenschaft für alte europäische Autos, insbesondere für die Kunstwerke des Ettore Bugatti, und trugen so die sagenhafte Anzahl von ca. 500 Fahrzeugen

zusammen. Die einstige Fabrikationsstätte von Bugatti lag in Molsheim, nicht weit von Mülhausen und Straßburg entfernt. So besitzt das Museum heute die größte Bugatti-Sammlung weltweit und darüber hinaus mit dem „Bugatti Royale Coupé Napoléon Typ 41" auch das seinerzeit wertvollste Auto der Welt. Allerdings belasteten die Gebrüder Schlumpf mit der Finanzierung ihrer Obsession das Unternehmen derart, dass es 1977 zahlungsunfähig wurde und über 2000 Beschäftigte der Textilindustrie entlassen werden mussten. Die bis zu diesem Zeitpunkt unbekannte Sammlung wurde eher zufällig bei Ausschreitungen während eines Streiks von ehemaligen Fabrikarbeitern entdeckt. Mit den damals zu erzielenden Verkaufspreisen hätte man problemlos sämtliche Forderungen der Gläubiger begleichen können; aber die französische Regierung unter François Mitterrand entschied, die Sammlung in ihrer Gesamtheit für den französischen Staat zu erhalten, und richtete in den ehemaligen Werkshallen der Textilfabrik das „Musée National de l'Automobile" ein. Man könnte es auch als staatliche Enteignung bezeichnen.

Aber dies war bei unserem Besuch 1962 noch in ferner Zukunft. Rüber ins Elsass und die sagenhafte Cuisine d'Alsace probieren. Die ganze lange Autofahrt hatten wir schon fantasiert, was für Köstlichkeiten es geben würde. Wir hatten von der Zubereitung von Froschschenkeln und Schnecken gehört, wie die wohl schmecken würden? In einem kleinen Ort bestellten wir einfach typisch elsässische Küche, die Bezeichnungen auf der Speisekarte sagten uns nichts. Elsässische Küche, das ist Raffinesse, kombiniert mit Deftigkeit, oder wie es der elsässische Karikaturist und Autor Tomi Ungerer treffend ausdrückte: „Französische Qualität und deutsche Portionen". Es gab Schweinefleisch geschmort mit Kohl, eine der bekanntesten und beliebtesten Spezialitäten: das Choucroute. Hörte sich so einfach an, schmeckte aber aus dem Keramiktopf serviert wirklich unvergleichlich.

Auf den französischen routes nationales ging es gemächlich über Lyon ans Mittelmeer, ein kleiner Abstecher nach Marseille erschreckte uns: groß, laut und sehr viele Nordafrikaner. Wir aßen kurz am Hafen

Mit meinem Austin Healey vor einem Aquädukt in den Pyrenäen

eine undefinierbare Kleinigkeit und bezahlten mit den in Deutschland eingetauschten Francs. Man hatte natürlich sofort gemerkt, dass wir Deutsche waren, und uns offensichtlich etwas besonders Schlechtes serviert. Der Hass auf die Deutschen, die im Zweiten Weltkrieg so viel Leid und Zerstörung über Frankreich und die übrige Welt gebracht hatten, war nur wenige Jahre nach dem Krieg noch stark vorhanden. Die Währungsumstellung von alten auf neue Francs hatte bereits zum 1. Januar 1959 stattgefunden, aber die unwirsche Kellnerin rechnete ruck, zuck etwas aus, präsentierte uns den hohen Betrag auf einem Zettel, es war in alten Francs gerechnet. Unser Französisch war nicht gut genug und wir hatten keine Möglichkeit, Einspruch zu erheben. Wir zahlten in neuen Francs und erhielten das Wechselgeld wieder in alten Francs. 100 alte Francs entsprechen einem neuen Franc. Ich glaube, dies war das teuerste Essen meines Lebens, jedenfalls war damit unser Vorrat an französischer Währung fast aufgebraucht und es war kein Bleiben mehr in dem ungastlichen Marseille. Wir entschlossen uns zur Weiterfahrt nach Montpellier.

In Algerien hatten Unruhen begonnen, da das Land sich aus der Kolonialherrschaft befreit hatte und eine Unabhängigkeitserklärung vorbereiten wollte. 1962 kam es zu wahllosen Ausschreitungen gegen die noch in Algerien lebenden Franzosen. Diese waren dadurch im Jahre 1962 extrem dünnhäutig.

Montpellier, diese typisch südfranzösische Stadt, zehn Kilometer von der Küste entfernt, empfing uns etwas freundlicher als die Großstadt Marseille. Voller Düfte und malerischer Dekorationen, mit kleinen Bars und wunderschönen Läden, deren Angebot aus exotischen Spezialitäten bestand.

Überall gab es Nougat in allen Farben und Formen, preiswert und köstlich. Wir erfuhren, dass Juliette Gréco, die berühmte Chansonsängerin und Schauspielerin, hier geboren wurde, und dass nun seit einiger Zeit sehr viele Fremde, Heimkehrer aus Algerien, zurück nach Südfrankreich kamen.

Zwischenstopp in Montpellier mit seinen Straßenzügen voller Nougat und schönen Natursteinwänden

Die meisten dieser „Pieds-noirs“, Schwarzfüßer, flohen vor den Folgen des beendeten Unabhängigkeitskrieges in Algerien und sorgten in Montpellier für ein rasantes Bevölkerungswachstum. Die Aufnahme von uns Deutschen in Frankreich 17 Jahre nach dem Ende des verheerenden Krieges war durchaus zwiespältig, von herzlich bis aggressiv. Besonders die Pieds-noirs begegneten uns mit Misstrauen und Ablehnung. Aber unser Ziel war ja Spanien, und so brachen wir am nächsten Tag auf in Richtung Pyrenäen. Dass es im Sommer hier oben ziemlich kalt werden kann, war uns nicht bewusst, und so saßen wir verfroren in unserem Roadster, das Verdeck schloss nicht richtig und die Heizung war nicht der Rede wert. Wir fuhren durch die einsame Bergwelt, umständlich durch die Grenzabfertigung, und sahen verwundert auf spanischer Seite zuerst die noch bewohnten Höhlensiedlungen. Weiter in Richtung Küste nach Gerona, der ersten größeren Stadt an der Costa Brava. Ja, so stellten wir uns Ferien am Mittelmeer vor, wunderschöne Promenaden unter Palmen am Meer, kleine verwinkelte Gassen mit hübschen, weißen Häusern, dazwischen Gärten, Cafés und freundliche Menschen. Auch Peseten hatten wir in Deutschland eingetauscht und zum Glück schien alles deutlich günstiger als in Frankreich zu sein. Gott in Frankreich? – Nein: Gott in Spanien – viel besser!

Wir bestellten einen grünen Pfefferminzlikör mit Soda, der Inbegriff für „bohèmes“ Leben, das süße Nichtstun in lauer Sommerluft, Geld in der Tasche, ein tolles Auto vor dem Café und Zeit, das alles zu genießen. Wir nahmen dann noch einen Cuba Libre und dann noch einen von diesen herrlichen Grünen mit agua con gas. Es wurde Abend und damit Zeit, einen Platz für unser Zelt zu suchen. Irgendwie ist es in Spanien viel dunkler als in Deutschland und wird auch so plötzlich dunkel. Mühsam fanden wir aus der Stadt heraus, die Straße war holprig und ohne Seitenbegrenzungen und wir entschlossen uns, im Auto zu schlafen. Genauso plötzlich, wie es dunkel wurde, wurde es auch wieder hell. Merkwürdige Gegend um uns herum, kein Meer in Sicht, alles öde und einsam. Unsere Karten nützten uns nichts, da

wir nicht mehr wussten, in welche Richtung wir aus der Stadt herausgefunden hatten. Es blieb nichts, als umzudrehen und zurückzufahren. An einem Zigeunerlager vorbei erreichten wir wieder Gerona, Hinweisschilder suchten wir vergebens, aber immer an der wilden Küste entlang, da konnte nichts schiefgehen.

Der Healey badet im Mittelmeer

In Lloret de Mar nahmen wir nicht den schmuddeligen Campingplatz, sondern suchten uns ein einsames Plätzchen direkt am Meer. Durch einen Hohlweg gelangten wir in eine idyllische, menschenleere Bucht. Zelt aufbauen, schwimmen gehen, faulenzen – ein perfekter Tag. Wir hatten auf dem Weg ein Brot, ein paar Tomaten und eine schmackhafte Wurst gekauft und genossen die Freiheit des Vagabundenlebens. Abends wollten wir aber doch einen Erkundungsgang durch den Ort machen, und auch das grüne Getränk von gestern war doch ganz sagenhaft, so etwas würde es hier bestimmt auch geben. Wir ließen den Healey und unser Zelt zurück und wanderten im Abendsonnenschein in Richtung Lloret, vorbei an Orangenbäumen und Olivenhainen, kleinen Gehöften mit angepflockten Eseln. So musste es hier vor Jahrhunderten auch schon ausgesehen haben. Wir fanden eine nette Eckbar, draußen zwei Tische und drinnen hell erleuchtet mit einem ultravioletten Fliegenfänger. Jedes Mal, wenn ein Insekt so unvernünftig war, in diese Falle zu fliegen, verglühte es knackend und zischend. Wunderschöne Spanierinnen kamen mit Begleitung auf einen Aperitif in die Bar, aßen ein paar Tapas zum Getränk und zogen weiter. Es wurde dunkel und wir gingen jetzt besser in den hell erleuchteten Raum. Blitze zuckten am schwarzen Himmel und Regenfluten stürzten nieder, ein Sommergewitter entlud sich schnell und heftig. Atta bemerkte, dass wir das Verdeck vom Auto aufgelassen hatten, tja, was sollte man machen? Nach einigen weiteren Pfefferminz-Longdrinks wurde das Unwetter schwächer und endlich hörte es ganz auf. Mir fiel ein, dass ich auch einige Sachen draußen liegen gelassen hatte. Wir stolperten durch absolute Finsternis, vorbei an den Gehöften, jetzt kam der Orangenhain, hier musste es doch irgendwo sein. Wir suchten und suchten, aber keine Spur von

Zelt oder Auto. Ob das mit unserem Zustand zu tun hatte? Es blieb uns nichts anderes übrig, als den Morgen abzuwarten. Feucht und klamm hockten wir am Feldrain, bis es dämmerte.

Am nächsten Morgen wurde uns klar, dass es mit unserem Zustand nichts zu tun hatte, der Wagen war tatsächlich nicht mehr an seinem Platz, auch das Zelt war nicht mehr da. Der Hohlweg war kein Weg, sondern ein trockener Wasserlauf, der nur bei starkem Regen Wasser führte – so wie gestern Abend. Unser Healey war durch die Gewalt des Wassers heruntergespült und auf der vorgelagerten Sandbank abgesetzt worden, dazwischen waren 50 Meter Meer. Das Zelt schwamm ebenfalls da vorne rum und auch ein paar Kleidungsstücke fischten wir raus. Wie sollten wir unseren Wagen nur zurückholen? Unser Spanisch war noch schlechter als unser Französisch. Glücklicherweise war einer unserer neuen Bekannten vom vorherigen Abend aus der Bar nach einigem Hin und Her bereit, unseren Wagen mit einem Trecker herauszuziehen. Die Aktion erregte Aufsehen, was passierte schon in einer jahrhundertealten Landschaft mit angepflockten Eseln und Orangenhainen? Viele Zuschauer und Experten fanden sich ein, und alle beratschlagten lange und gestenreich, wie es am besten zu machen sei. Kurz vor Einbruch der Dunkelheit stand der Healey dann endlich wieder auf dem Festland. Salzwasser in allen Poren, Batterie kaputt, Elektrik

unbrauchbar, alles nur wegen dieses grünen Getränks. Unser Bekannter brachte uns nun in geruhsamem Tempo zu einer echten Fachwerkstatt in Lloret. Draußen standen mehrere zu reparierende Motoren, drinnen befand sich eine perfekte Vorkriegswerkstatt, allerdings nicht sehr geordnet und auch nicht sehr vollständig. Aber mañana ... Wir schlugen kurzerhand unser Zelt hinten auf dem Gelände auf und begannen unter funzeliger Beleuchtung mit dem Auseinanderbauen und Abspritzen des Wagens.
¿Que tal? Die angestellten Spezialisten waren sehr nett und kommunikationsfreudig, aber helfen konnten sie uns nicht. Als sie obendrein merkten, dass wir selbst zehn Stunden am Tag am Auto arbeiteten, sahen sie auch gar keine Veranlassung, etwas zu tun. Die sanitären Verhältnisse kamen uns wahrhaft spanisch vor und eigentlich lohnte es sich auch gar nicht, abends mehr als Katzenwäsche zu machen, denn gleich morgens sahen wir wieder ölig und schmierig aus. Auspusten, trocknen, polieren, auseinander- und wieder zusammenbauen, so sahen unsere Tage jetzt aus. Der Healey war mit SU-Vergasern ausgerüstet, für Laien nicht einfach zu bearbeiten. Auf dem kombinierten Arbeits-, Garten- und Esstisch neben der Werkstatt versuchten wir es trotzdem. Der Zündfunke war schon wieder da, jetzt mussten nur die Vergaser wieder ihren Dienst tun. Die spanischen Monteure schauten von Zeit zu Zeit interessiert vorbei und teilten ihr mitgebrachtes Essen mit uns. Unser Missgeschick schien allmählich Stadtgespräch zu sein. Deutlich mehr Kunden als sonst fanden sich sehr zum Ärger der Monteure ein. Jeder hatte einen kleinen Vorwand, der Arbeit bedeutete, eine abgesprungene Fahrradkette, fehlendes Öl beim Roller oder Reifen aufpumpen beim Auto, ständig mussten die beiden arbeiten und es war aus mit dem Gemütlich-in-der-Sonne-Sitzen. Langsam übertrugen die Monteure ihr Missfallen auf uns, und unsere eigene Stimmung war ebenfalls gereizt.
Atta und ich gerieten in Streit über den korrekten Zusammenbau der SU-Vergaser. Wie herum gehörte es nun, wo war oben, welches Teil gehört nach unten? Anlässe für Auseinandersetzungen gab es genug.

Nach diversen vergeblichen Versuchen klappte der Start, die Batterie sah zwar nicht mehr aus wie neu, aber sie tat ihren Dienst, Geld für eine neue hätten wir nicht gehabt. Hände mit eingewachsenem Schmutz, Hemd zerschlissen, Hose unbrauchbar – aber das Auto lief wieder. Wir beschlossen, in unsere idyllische Bucht zu fahren, um nach unseren übrigen Sachen zu fahnden. Die Werkstatt war froh, uns endlich loszuwerden. Man wollte noch nicht mal Geld für die Benutzung der Werkzeuge nehmen. Hasta luego!
Die ersten zehn Tage unseres Urlaubes waren um, wir sprachen inzwischen ein bisschen besser Spanisch, waren mit Land und Leuten vertraut, waren braun geworden, hatten etwas über das Reparieren eines Healeys gelernt und einige Pfund abgenommen, alles Dinge, die man sich im Urlaub so wünscht. Wir badeten ausgiebig in unserer kleinen Bucht und wuschen, so gut es ging, unsere verdreckten Sachen, außerdem fanden wir nach und nach noch einige Gegenstände, die uns gehörten. Endlich Ferien.
Ein abenteuerlicher Geselle kam den Hohlweg herunter und grinste uns höhnisch an: „Vous êtes allemand?" Hatte der auch schon von uns gehört? Jean-Marie war Franzose und hatte in der Légion étrangère, der Fremdenlegion, in Algerien gedient; mit den Pieds-noirs war er nach Frankreich zurückgekommen. Charles de Gaulle erkannte im Abkommen von Evian am 18. März 1962 das Recht Algeriens auf Unabhängigkeit an. Damit endete einer der am grausamsten geführten Unabhängigkeitskriege des 20. Jahrhunderts. Zwischen 1954 und 1962 starben nach französischen Angaben ca. 17.500 Soldaten, viele davon Fremdenlegionäre, die FLN als Kampftruppe der Unabhängigkeitspartei in Algerien schätzte ihre Verluste auf 300.000 Mann und die Gesamtzahl der getöteten Zivilisten wird mit bis zu 1,5 Millionen angegeben. Was wir nicht wussten: Die Fremdenlegion bestand aus Freiwilligen aus über 150 Nationen, die als Zeitsoldaten Dienst in den französischen Streitkräften leisteten, damit gehörte die Legion zum französischen Heer. Die Legionäre waren also reguläre Soldaten. Wir hatten sie

Strassenszene mit meinem Porsche 356 in Frankreich

immer für käufliche Söldner gehalten, die überall auf der Erde für Unruhe sorgten. Durch Jean-Marie bekamen wir einen anderen Eindruck. Er hatte sich für die Mindestzeit von fünf Jahren verpflichtet und wollte jetzt nach seiner Rückkehr ein neues Leben beginnen. Sein Talent zum Zeichnen war offenkundig – jedes Papierchen wurde vollgekritzelt – nun plante er, sein Leben als Maler an der Côte d'Azur zu verbringen. Als Universaltalent konnte er eigentlich alles selbst machen, daher imponierte es ihm, dass wir den Austin Healey tatsächlich wieder zum Laufen gebracht hatten. In seinem netten Deutsch erzählte er, dass man in Lloret schon Wetten auf uns abgeschlossen hatte: Schafften es die beiden Deutschen, mit dem Wagen wieder abzufahren, oder bleibt der Wagen in Spanien stehen? Jean-Marie hatte ein bisschen auf Stehenbleiben gehofft, dann hätte er sich des Wagens angenommen. Aber er war ein guter Verlierer und beschloss, uns unter seine Fittiche zu nehmen.

Zur Mittagszeit tauchte er im Meer und holte einige Seeigel aus den Fluten. Bisher hatte ich einen Bogen um diese Burschen gemacht, man hatte mich wortreich vor den Stacheln und deren Gefährlichkeit gewarnt. Was wollte er damit? Aus seinem Rucksack zauberte er einige Zitronen, frisches Brot und zeigte uns, wie man die Seeigel knackte und dann gefahrlos verspeiste. Es schmeckte köstlich.

Unser Auto interessierte ihn natürlich besonders, solche Wagen sah man sonst nur an der Côte. Ein bisschen stolz waren wir durch den unerwarteten Zuspruch dieses Experten schon. Dass man so mit uns gelitten hatte, hatten wir gar nicht bemerkt. Wir freundeten uns mit Jean-Marie an und er fuhr mit uns in seinem Renault Aronde nach Barcelona, um uns die Schönheiten der Stadt zu zeigen: den Park Güell von Gaudí, im reinsten spanischen Jugendstil, auch „Modernisme Català" genannt, die hübschen Spanierinnen in den Cafés und auf den Promenaden der Stadt und natürlich den „Harlekin" von Picasso.
Pablo Picasso, geb. 1881, kam im Alter von 14 Jahren nach Barcelona und studierte an der Kunstschule Llotja de Barcelona, an der sein Vater Lehrer war. Er war mit Miquel Utrillo und vielen bedeutenden Künstlern, die sich in Barcelona zusammengefunden hatten, befreundet gewesen. Die meisten lernte er in der legendären Künstlerkneipe „Els Quatre Gats" (Die vier Katzen) kennen.
Diese Zeit prägte seinen Stil und förderte seine außerordentliche Begabung. Aus Dankbarkeit und tiefer Verbundenheit zu seinen katalanischen Jahren schenkte er der Stadt anlässlich der Weltausstellung

Das Künstlerlokal Els Quatre Gats in Barcelona

1919 den Harlekin. Jean-Marie wusste viele Einzelheiten und führte uns ein in Leben und Werk Picassos, der im Vorjahr, 1961, Jacqueline Roque geheiratet und seinen 80. Geburtstag gefeiert hatte. Er hatte ihn persönlich an seinem jetzigen Wohnort in der Nähe von Cannes kennengelernt. Jetzt, 1962, richtete die Stadt das Museo Picasso ein, welches im kommenden Jahr eröffnet werden sollte.

Überall in der Stadt waren seine Bilder und Zeichnungen präsent. Wir kamen auf den Kunstgeschmack. Auf den Geschmack der spanischen Speisen kam Jean-Marie nicht und auch den Wein hielt er für ungenießbar. Also auf nach Frankreich. Baguette, fromage, vin rouge, unser Ziel sollte ein kleiner Ort in den Bergen in der Nähe von Vence sein. Dort hatte Jean-Marie seine ständige Bleibe mit viel Platz für uns. Gerne nahmen wir die Einladung an. Nach den ersten gemischten Erfahrungen in Marseille und Montpellier wollten wir jetzt ein anderes Frankreich erleben.

Wie Gott in Frankreich

Wir folgten Jean-Marie und seinem Renault Aronde und waren neidisch auf ihn, immer wieder nahm er hübsche Tramperinnen ein Stück des Weges mit, dazu hatten wir mit unserem reinen Zweisitzer ja keine Gelegenheit. Manchmal ist so ein schickes Fahrzeug wie unseres auch hinderlich. Aber wir würden mit seiner Hilfe die Côte d'Azur sehen und bestimmt mehr erleben als andere Touristen.

STRASSENSZENE IN SÜDFRANKREICH

In der Nähe von Cassis stellten wir erst mal wieder unsere Zelte auf, hier begann der azurblaue Teil des Mittelmeeres. Der Name ist eine Schöpfung des Dichter Stéphen Liégeard, der 1887 ein Buch mit dem Titel „La Côte d'Azur" veröffentlichte, im englischsprachigen Raum wird dieser Teil des Mittelmeeres als French Riviera bezeichnet. Sie erstreckt sich von Cassis im Westen bis Menton an der italienischen Grenze. Die Côte hat ihren Namen übrigens nicht aufgrund des blauen Meeres, sondern von der besonderen geografischen Lage und dem Phänomen, dass das Hinterland mit den Seealpen und dem Massif des Maures sehr gebirgig ist und sich an 300 Tagen im Jahr ein azurblauer Himmel über der Gegend erstreckt.

An einem kleinen, schnell fließenden Fluss fanden wir den richtigen Platz, Hügel, Steine und ein Aquädukt aus römischer Zeit waren unser Haus. Düfte von provenzalischen Kräutern umwehten uns, Vögel sangen und badeten im Flüsschen, unsere Sinne sahen und rochen Lavendel und duftende Blumen, deren Namen wir nicht kannten. Das Paradies musste doch in Frankreich sein. Wir aßen unser mitgebrachtes Déjeuner, tranken einen herrlich fruchtigen Wein aus der Gegend und waren sehr zufrieden mit der Entscheidung hierherzufahren. Da bedeutete uns Jean-Marie, ganz ruhig zu sein, er watete bis zu den Knien ins Wasser und schnappte plötzlich zu: „une vipère!" Hier gab es Giftschlagen! Mitten im Garten Eden so etwas, ich war kein Schlangenfan und Atta auch nicht. Jean-Marie versuchte uns die Angst zu nehmen, aber wir drängten zum Aufbruch. Nachts im Zelt wäre ich meines Lebens ja nicht sicher gewesen, an Schlaf gar nicht zu denken.

In der Nähe von Vence im Arrondissement Grasse atmeten wir Geschichte. Früh von ligurischen Kelten besiedelt, wurde die Gegend 16 v. Chr. von den Römern erobert und dem römischen Reich einverleibt. Viele Funde zeugen davon, auch die Fundamente der Kathedrale gehen auf römische Ursprünge zurück. Mit der Verbreitung des Christentums wurde Vence Bistum und nach Karl dem Großen gehörte Vence zum Heiligen Römischen Reich Deutscher Nation. 1481 wurde die Provence Frankreich angegliedert.
Hinauf in die Berge, in das kleine Dorf mit dem bekannten Restaurant, um endlich unser Domizil auf Zeit kennenzulernen. Eine wunderschöne Gegend, welche immer wieder einen grandiosen Blick auf das Mittelmeer bietet, endlich am Ziel! Das Haus entpuppte sich als geräumiges Zelt, ein richtiges Haus aus Steinen hätte für den Naturburschen Jean-Marie eine unnötige Einschränkung bedeutet, außerdem sei

man dann so festgelegt. Mit großer Freude wurde er vom Patron des Restaurants begrüßt und uns schloss er gleich mit ins Herz. Zum Abendessen wurden wir ins Restaurant eingeladen. Es war ein Wochentag und der Wirt rechnete nicht mit vielen Gästen, nur an den Wochenenden musste man vorbestellen, dann war kein Stuhl mehr frei. Wir wunderten uns ein bisschen: in dieser einsamen Gegend ein gut besuchtes Feinschmeckerlokal, ohne Hinweisschild und auffällige Reklame an der Straße? Abends wussten wir warum: Ein köstliches mehrgängiges Menü ließ unsere Herzen höher schlagen und unsere Zungen schmeckten Genüsse nie gekannter Art. Allein der Name „Kräuter der Provence" (Herbes de Provence) spricht Bände über die Bedeutung der provenzalischen Küche weit über die Provence und Südfrankreich hinaus. Olivenöl zur Zubereitung und Wein als Begleiter zu jedem guten Essen machten aus den hochwertigen Gerichten den wahren Genuss. Es gab Bouillabaisse, die mediterrane Fischsuppe aus mindestens zwölf Fischsorten, Ajoli, die frische Mayonnaise aus Knoblauch und Olivenöl zu gegrilltem Fisch, dann Fleisch mit gegrilltem Gemüse und Salat mit Essig und Olivenöl und zum Abschluss eine schokoladige Mousse.
Der Blick wurde erfreut von Malereien aller Künstler der Moderne, die jeweils diese Gegend besucht hatten. Dort hing ein Picasso, ein Matisse und etwas ganz Besonderes: ein Chagall. Ich war elektrisiert, das erste Mal, dass ich einen Chagall in natura sah. Wahnsinnig intensive Farben, besonders das Blau, und ein herrliches Bildarrangement. Sein fast gleichaltriger Künstlerkollege Pablo Picasso hatte einmal über Chagall gesagt: „Wenn Chagall malt, weiß man nicht, ob er dabei schläft oder wach ist. Irgendwo in seinem Kopf muss er einen Engel haben."
Marc Chagall, geboren 1887 in Ljosna, einem jüdischen „Schtetl" bei Witebsk in Weißrussland, als Moise Chazkeleswitsch Shagalo, abgekürzt Moise Segal, als ältestes von neun Kindern einer streng jüdischen Familie. Seine Mutter schaffte es durch Bestechung, dass er nach Beendigung des jüdischen Cheder auch die staatliche Schule besuchen

konnte. Er sprach nun auch Russisch und nicht nur Jiddisch, er erhielt Gesangs- und Violinen-Unterricht und begann zu zeichnen. 1906 machte er seinen Schulabschluss und wurde Schüler im Atelier des Malers Jehuda Pen. Mit einer für Juden erforderlichen Aufenthaltsgenehmigung für Sankt Petersburg reiste er mehrmals in die Zarenstadt und studierte dort weiter an verschiedenen Instituten und Malschulen. 1910 ging er nach Paris, wo die russische Kunstszene, mehr noch als im eigenen Land, sich zu dieser Zeit großer Beliebtheit erfreute. Er schloss Freundschaft mit den ebenfalls in Paris lebenden russischen Künstlern Alexej von Jawlensky, und Wassily Kandinsky. Am Montparnasse kamen auch bedeutende französische Künstler wie Guillaume Apollinaire und Amedeo Modigliani hinzu. Chagall nutzte seine freie Zeit für lange Spaziergänge durch die Stadt und genoss als Jude aus dem zaristischen Russland die tolerante Freiheit der französischen Hauptstadt und die freundliche Aufgeschlossenheit der Pariser Bevölkerung. Abends malte er die Eindrücke des Tages auf große Leinwand. Der Eiffelturm hielt Einzug in sein Werk, als Symbol der menschlichen Freiheit.
Während des Zweiten Weltkrieges emigrierte er in die USA und kam erst 1948 mit seiner Familie zurück nach Paris. Im selben Jahr erhielt er auf der Biennale den ersten Preis für Grafik und übersiedelte im folgenden Jahr nach Saint-Jean-Cap-Ferrat in der Nähe von Vence. Er blieb an der Küste der Künstler und starb im Alter von 97 Jahren am 28. März 1985 in Saint-Paul de Vence.
Alles dies erzählte uns ein freundlicher Herr vom Nebentisch, der gleichzeitig Agent von Marc Chagall und anderen Künstlern war. Ganz in der Nähe hatte er sein Rückzugsdomizil. Wenn ihm der Kunstbetrieb der französischen Hauptstadt zu viel wurde, oder nach langen anstrengenden Auslandsreisen in die USA, kam er zur Entspannung und um Kraft zu tanken in diese liebliche Landschaft. Dann besuchte er die hier lebenden Künstler und informierte sich über deren Fortentwicklung und die neu entstandenen Werke. Er lud uns drei in sein Haus ein. Am nächsten Tag zwängten wir uns zu dritt in

den Healey und suchten in den Bergen nach der Adresse. Ein Dornröschenpalais empfing uns. Monsieur A. zeigte und erklärte uns Bilder, die heute in bedeutenden Kunsthallen und Museen der ganzen Welt hängen. Ohne große Sicherheitsvorkehrungen hingen hier Schätze der Menschheit, standen Skulpturen und Bronzen herum, nur bewacht von einer freundlichen, älteren Haushälterin, deren Leidenschaft der Garten und die Blumen waren, und mehreren großen Hunden. In kurzer Zeit lernte ich sehr viel über moderne Kunst, über Stile, Farben, wichtige Namen und bedeutende Ausstellungsorte. Beim späteren Aperitif auf der Terrasse sprachen wir über Woher und Wohin und mein Auto fand sein Wohlgefallen. „Très chic, mais pas moderne". Nebenbei nannte er uns eine Adresse, wo man solche alten und vermutlich noch ältere Fahrzeuge sehen und kaufen konnte – so eine Art Schrottplatz. Jetzt war ich aber doch ein wenig beleidigt: Mein schöner Healey sollte mit einem Schrottplatz verglichen werden? Trotzdem war es ein unvergesslicher Abend bei Oliven, Brot und Wein in den provenzalischen Bergen.

Anfang der 60er-Jahre in einem Gartenlokal in den Bergen der Provence – ich in der Mitte mit zwei Bekannten. Morgen wollen wir zu dem Schrottplatz fahren.

Ein Schrottplatz in Südfrankreich

In den nächsten Tagen halfen wir unserem Patron bei der täglichen Arbeit im Restaurant und auf der Terrasse. Gemüse und Salat schneiden, Garten wässern, Tische eindecken, Kerzen anzünden, Flaschen entkorken, dann kamen die Gäste. Jetzt im Sommer verbrachten viele Prominente und Schauspieler die Ferien in ihren Villen, gerne kamen Sie am Wochenende hier herauf zum Speisen. Menschen, die ich eher aus der Zeitung oder aus Hollywoodfilmen kannte, begrüßten mich freundlich. Am Tage genossen wir die Abgeschiedenheit oder fuhren ans Meer zum Baden. Die Adresse mit dem Schrottplatz war schon fast vergessen. Mehr oder weniger zufällig kam ich dann aber in die kleine Stadt und fand ziemlich bald den „Schrottplatz".

Wenn man einen visuellen Eindruck haben möchte, wie es dort ungefähr aussah, sollte man einen Blick in den Bildband „Sleeping beauties – schlafende Schönheiten" von Herbert W. Hesselmann und Halwart Schrader, Edition Olms, werfen. Stundenlang lief ich herum und kam aus dem Staunen nicht heraus. Das hatte ich wirklich noch nicht gesehen, Automarken, deren Namen heute kaum noch jemand kennt, Karosserien von wahren Künstlern entworfen. Alles kreuz und quer durcheinander, manche verunfallt, andere mit defektem Motor, aber einige auch fahrbereit. Nicht zu fassen, eine Fundgrube der Raritäten! Ich möchte am liebsten alle kaufen.

Was war zu tun? Erst mal musste ich mir Geld nach Frankreich anweisen lassen, dann musste ich mich erkundigen, welche Papiere für die Ausfuhr notwendig waren. Heute ist dies alles gar kein Problem, innerhalb der EU ist sowieso alles ganz einfach geworden, und in anderen Ländern gibt es Spezial-Spediteure, die alles von und nach Deutschland, England oder den USA für ihre Kunden regeln. Aber damals hieß es: zu etlichen Behörden Kontakt aufnehmen, um sich zu erkundigen, welche Papiere beigebracht werden mussten. Der Inhaber des Schrottplatzes hatte überhaupt kein Interesse, mir zu helfen. Was sollte der Blödsinn, die alten Kisten waren fertig. Es gab doch so wunderbare neue Autos und eigentlich sei es für ihn das bessere Geschäft, immer mal ein Ersatzteil zu verkaufen, als das ganze Objekt für einen Preis abzugeben. Das machen manche Leute ja heute noch so.

Es gelang mir dann aber doch innerhalb von einer Woche, einen höheren Geldbetrag von der Bank zu erhalten und für drei Fahrzeuge alle notwendigen Papiere zu besorgen. Jetzt war ich stolzer Besitzer eines Bugatti, eines Mercedes-Vorkriegsmodells und eines Packard.

Hier steht tatsächlich ein Bugatti! Für 500 DM werde ich mit dem Schrottplatzbesitzer einig und stolzer Besitzer dieses Vorkriegswagens.

Ich lud meine Freunde und den Patron als krönenden Abschluss nach Saint-Tropez zum Essen am Hafen ein, den letzten Abend wollte ich Dank sagen und feiern. Ohne die sprachliche Hilfe und Gewitztheit von Jean-Marie hätte ich es nie geschafft. Ausgelassen bestellten wir ein umfangreiches Menü. Meeresfrüchtesalat, Coq au Vin, kandierte Früchte. Am Hafen entlang ging singend ein junger Mann mit Gitarre, er versuchte erfolglos, ein wenig Geld einzuspielen. Jean-Marie

schielte schon die ganze Zeit zu ihm hin, bis er nach der Vorspeise aufstand, ihm kurzerhand die Gitarre aus der Hand nahm und anfing zu singen und zu spielen. Die Gäste horchten auf. Jean-Marie spielte erst ein bekanntes französisches Chanson und dann ein Soldatenlied, jetzt war kein Halten mehr, die alten Kämpen sangen und grölten mit, un autre – noch eins und noch eins. Jean-Marie tat ihnen den Gefallen und ging anschließend charmant mit seinem Barett zum Abkassieren. Voilà – so musste man es machen. Er übergab dem Jungen seine Gitarre und den Inhalt des Baretts, setzte sich seelenruhig an den Tisch und wir aßen weiter.
Da glaubte ich nicht richtig zu sehen, am Nachbartisch nahm Brigitte Bardot samt Entourage Platz. Ich hielt die Luft an. Brigitte Bardot, knapp 28 Jahre alt, auf dem Höhepunkt ihrer Karriere. Seit es BB gab, hatte der Begriff Sexappeal einen französischen Namen.

Auf dem Schrottplatz in Südfrankreich, damals wollte sie niemand mehr haben, heute werden Autos in diesem Zustand aufwändig restauriert.

Zeitweise überstiegen die internationalen Einnahmen aus ihren Filmen die Exporterlöse der Renault-Werke. Sie saß hier fast direkt neben mir. Wir vier konnten nicht anders, als immer wieder in ihre Richtung zu schauen, bis sie uns huldvoll grüßte. Ich war 25 Jahre alt, saß an der Côte d'Azur, war Besitzer mehrerer wunderschöner Fahrzeuge und „kannte" Brigitte Bardot. Irre.
Am nächsten Tag starteten wir unseren kleinen Konvoi und überführten die Fahrzeuge auf der Straße nach Deutschland. Jean-Marie hatte noch einen Bekannten engagiert und so fuhren wir zu viert hintereinander

durch die französische Sommerlandschaft, drei „Schrottwagen" und mein Healey. Ein kurzer Zwischenstopp im Elsass und dann direkt nach Hamburg. Im Radio wurde gemeldet, dass in Kürze ein Mindesturlaub von 15 Tagen in der Bundesrepublik gelten sollte, außerdem war die Genehmigung für den Bau des ersten Kernkraftwerkes auf deutschem Boden, für das Kraftwerk Gundremmingen, erteilt worden, dazu sangen Nana Mouskouri und Peter Kraus. Merci beaucoup, meine Liebe zu Frankreich war geweckt. Mein erstes richtig großes Geschäft hatte ich dem südfranzösischen Schrottplatz zu verdanken. Es war nicht ganz einfach, die Fahrzeuge in Deutschland zu verzollen und zu versteuern, gültige Papiere zu besorgen und letztendlich Käufer zu finden. Im Oktober 1962 kam die Kuba-Krise und viele Menschen weltweit hatten große Angst vor einem neuen Weltkrieg. Bedrohlich standen sich die beiden Supermächte USA und Sowjetunion gegenüber, die Menschen in Deutschland begannen, aus leidvoller Erfahrung den Hunger der Nachkriegsjahre noch in lebhafter Erinnerung, Nahrungsmittelvorräte anzulegen.
In Hamburg schlug die Spiegel-Affäre hohe Wellen. Mitarbeiter der Redaktion sahen sich aufgrund eines kritischen Artikels der Strafverfolgung wegen angeblichen Landesverrates ausgesetzt. Der Journalist Conrad Ahlers hatte, gestützt auf die Resultate eines NATO-Manövers, das Verteidigungskonzept von Verteidigungsminister Franz Josef Strauß in Frage gestellt. FJS setzte alles daran, den verhassten linkslastigen Spiegel zu diskreditieren, und erwirkte Haftbefehle für Conny Ahlers und Rudolf Augstein. Insbesondere die Studenten, aber auch weite Kreise der Bevölkerung, bewerteten dies als Angriff auf die Pressefreiheit und heftige Proteste waren die Folge. Dies führte letztendlich zur Entlassung von Franz Josef Strauß, zur Freilassung der Journalisten und zur Neubildung der Regierung, es wurde dann die fünfte und letzte Regierung unter Konrad Adenauer. In ganz Hamburg war die Affäre das Gesprächsthema Nummer eins, schließlich hatte der Spiegel sein Verlagsgebäude gegenüber der Speicherstadt am Hafen.

Das Auto spielte für eine gewisse Zeit nur eine Nebenrolle. Die eher unbekannten Marken Bugatti und Packard und ein großer Vorkriegs-mercedes mit Kompressortechnik passten nicht in eine bundesdeutsche Normgarage. Aber auch damals gab es schon Sammler und Me-seumsbesitzer, die den besonderen Wert der Fahrzeuge erkannten. Ein Sammler kaufte den Bugatti für sein Automuseum am Hauptbahnhof in Hamburg, das leider 1997 geschlossen wurde.
Als ich endlich im nächsten Jahr wieder nach Frankreich kam, hatten auch schon andere „meinen" Schrottplatz entdeckt. Oder war ich wieder einmal zu offenherzig und mitteilungsbedürftig gewesen? Im-merhin hatte Jean-Marie mich intensiv nach verkäuflichen Modellen und Preisen ausgefragt. Ich habe ihn nie wieder gesehen.

Diesen Wagen lasse ich doch lieber stehen.

ANFANG DER 60ER-JAHRE, SCHON MIT MEINER GELIEBTEN PFEIFE

Beginn in Pöseldorf

Der kleine, heute sehr feine Teil von Rotherbaum zwischen Außenalster im Osten, Eimsbüttel und Harvestehude im Westen und Norden und der Neustadt und St. Pauli im Süden galt im ganzen 19. Jahrhundert als „Wohngebiet mit Adresse". Das Dammtor bildete den Übergang zu den nordwestlich gelegenen Dörfern. Ein roter Schlagbaum markierte am Anfang der Chaussee nach Eppendorf die Grenze und gab damit dem ganzen Stadtteil später seinen Namen. Die Gründung der Universität 1919 und die Konzentration der öffentlichen Verwaltungen – Museen, NDR, Bundesvermögensverwaltung, Standortverwaltung der Bundeswehr – sowie die Ansiedelung vieler Konsulate prägten den Stadtteil. Begonnen hatte alles 1717 mit den Ansiedelung einer Gärtnerei, um 1776 hatten sich bereits 16 Anwohner auf dem 7 Hektar großen Land gedrängt – zu damaliger Zeit eine enorme Bevölkerungsdichte für Bauernland. Diese Berufs- und Leidenschaftsgärtner

verwandelten das Gebiet in blühende Gärten und es entstand der Name durch die Vorbeikommenden, die bemerkten: „De pöselt her all vör sick hen." Pöseln bedeutet kleine Arbeiten verrichten, die emsig und mühsam erledigt werden. So entstand der heutige Name „Pöseldorf".

Langsam siedelten sich auch Handwerker, Dienstboten und andere kleine Leute hinter der Alsterprachtstraße an. Sie verkauften Obst und Gemüse und ihre Dienstleistungen an die „Herrschaften" in den großbürgerlichen Villen, die entlang der Straßen gebaut worden waren.

Hinten auf den Grundstücken waren Pferdeställe und Remisen. Im Laufe des 20. Jahrhunderts wurden dann auch die Baulücken genutzt und es entstanden geschlossene Häuserreihen entlang der Straßen. Eine stetige Entwicklung ließ den Stadtteil erblühen, bis dann während des Zweiten Weltkrieges kaum ein Gebäude von den Bomben der Engländer verschont blieb. In der Nachkriegszeit verfiel das Viertel immer mehr, Wohnraum war knapp und die Stadt musste erst die vorrangigen städtebaulichen Aufgaben erledigen.

1964 wurde meine Garage am Hofweg im Stadtteil Uhlenhorst mit sieben Plätzen zu klein und ich erhielt von einem befreundeten Ford-Händler, der seinen Verkaufsraum am Mittelweg hatte, den Tipp über die freien Räumlichkeiten auf dem Hof des Wohnhauses Nummer 111. Durch eine enge Toreinfahrt gelangte man in einen romantischen Innenhof mit Garten und Hinterhaus. Sofort verliebte ich mich in die Stallungen, die Kutschenunterstände und die kleine dazugehörige Wohnung. Alles weiß streichen, Ölöfen einbauen, Schild am Vorder-

Mit meinem Porsche 356 Coupé an der Côte d'Azur, bei Nizza

haus anbringen, Telefonanschluss legen: Jetzt hatte ich ein nettes Büro und eine „richtige" Firma. Sechs Autos unter Dach, vier Stellplätze im Hof, ich war sehr stolz.
Langsam entwickelte sich der Stadtteil wieder zu seinem Vorteil. Die Ära des Eduard, genannt Edu, Brinkama begann. In einem wunderschönen Eckhaus an der Milchstraße richtete er sein exklusives Antiquitätengeschäft ein und erkannte das Potenzial des Viertels. Als Erstes renovierte er einige Fassaden und richtete die „Pöseldorfer Bierstuben" ein. Es folgten Innenhöfe, weitere Häuserfronten und Nachbarstraßen. Er begeisterte Freunde und Bekannte und aufstrebende Designer und Fotografen für das Viertel. Schnell zogen Läden in die attraktiven Gebäude ein. Auch kleine Restaurants und witzige Kneipen, Friseure und Werbeagenturen fanden hier ein neues Domizil. Abends saßen wir draußen – ein ganz neues Stadtgefühl entstand. Musik von Elvis Presley, den Beatles und aus dem erfolgreichen Musical „My Fair Lady" wurde gespielt. Die DDR führte den Zwangsumtausch ein und war überhaupt ganz weit weg. Anfang des Jahres hatten die Olympischen Winterspiele in Innsbruck stattgefunden und Martin Luther King erhielt später im Jahr den Friedensnobelpreis.
Meine Nachbarin war Heidemarie Sander. Sie begann ihren weltweiten Siegeszug als Jil Sander, und gleich nebenan war Wolfgang Joop. Edu Brinkama hatte die Idee, nicht nur einzelne Häuser, sondern gleich ganze Viertel zu sanieren, aus London mitgebracht und startete eine beispiellose Initiative. Unermüdlich zog er durch die Stadt und fand lohnenswerte Ecken zum Restaurieren. Milchstraße, Magdalenenstraße, Deichstraße und Cremon wurden sein Betätigungsfeld. Bis zu seinem frühen Krebstod entwickelte er interessante, aber vergessene Ecken vom Aschenputteldasein zu echten Schönheiten. Es war eine Zeit des Aufbruchs und Neuanfangs.

Im Juni erhielten endlich die Fußgänger auf den Zebrastreifen Vorrang und mussten nicht mehr vor rücksichtslos heranbrausenden Fahrzeugen fliehen. 1.000 DM-Scheine wurden gedruckt.
In meinem Vorderhaus befand sich der Milchladen von Ernst-Werner Pein, um die Ecke war Mr. Martin, ein hiergebliebener britischer Besatzungssoldat, der nun in einem idyllisch bewachsenen Hinterhof englische Sportwagen reparierte. Ich selbst konzentrierte mich auf den Handel mit Porsche 356, gern auch englische Sportwagen und Mercedesmodelle, Ferrari und immer wieder Oldtimerfahrzeuge. Meine Autos annoncierte ich im Hamburger Abendblatt und in der „Auto Motor und Sport". Kunden aus dem ganzen Bundesgebiet kamen und kauften die schönen Stücke. Da erhielt ich eines Tages einen Anruf aus Amerika. Mr. Botkin, Universitätsdozent und Porsche-Liebhaber, nutzte die Gunst der günstigen D-Mark und kaufte telefonisch einen Porsche 356 Roadster. Er war von dem Zustand des Fahrzeuges und der korrekten und schnellen Abwicklung des seinerzeit noch komplizierten Exporthandels so begeistert, dass er all seinen Studenten davon erzählte. Prompt wollten die auch solche "curious and cheep little cars" kaufen. Sie bestellten bei ihrem Professor die Objekte ihrer Begierde und es begann eine herrliche Zeit des Amerikaexportes. Wie jedes Mal, wenn sich so ein neuer Markt öffnete, war es schwieriger, die Fahrzeuge zu besorgen, als zu verkaufen. Ich war natürlich nicht der Einzige, der diesen Export betrieb. Im Vorjahr 1963 wurde der neue Porsche 911 auf der IAA vorgestellt und viele trennten sich jetzt von ihren „356-Gebrauchtwagen", um das neue 911er-Modell zu erwerben.

Solche Porsche 356 Cabriolets waren in den 60er-/70er-Jahren normale Gebrauchtwagen. Viele davon habe ich nach Amerika exportiert.

Export nach Übersee

Mit einer Hamburger Spedition wickelte ich Papierkram und den Transport ab. Anfang der Sechzigerjahre fuhr man den Wagen entweder noch auf eigener Achse über eine Holzgangway in den Bauch des Schiffes oder ein Kran lud die Fracht. Container waren noch nicht erfunden. Die Autos standen angelascht zwischen allerlei anderen Exportartikeln im Bauch der Stahlriesen. So ganz ungefährlich war die Verladung mit dem Kran nicht, wie ich leidvoll erfahren musste. Im Herbst fuhr ich ein besonders schönes Stück in den Hafen, einen Porsche 356 C Coupé in Dunkelblau mit Schiebedach und rotem Kunstleder (damals noch mit Cord in der Mitte der Sitze) und rotem Teppich. Dies sollte ein Geschenk zum Universitätsabschluss eines reichen jungen Mannes an der Ostküste der USA werden. Das Geld lag schon zur Auszahlung auf einer Hamburger Bank, jetzt benötigte ich nur noch die Verladepapiere.

Der Wagen wurde mit Gurten angehoben, aber es war kein guter Tag zum Verladen. Heftiger Wind brachte die Fracht zum Schaukeln und zu meinem und dem Entsetzen des Kranführers rutschte der Wagen aus den Gurten und stürzte aus 6 Meter Höhe auf die Räder, federte noch einmal hoch und fiel um. Zusammen mit dem Tallymann und dem Kranführer richteten wir den Wagen wieder auf und stellten zum Glück erst mal keine größeren, äußerlichen Beschädigungen fest. Der herbeigerufene Gutachter kam dann aber zu einem ganz anderen Ergebnis: Totalschaden! Bei dem heftigen Aufprall hatten sich die Federaufnahmen nach oben gestaucht und als ich losfahren wollte, lief das Auto wie ein Krebs.

Ein schlauer Autohändler, der zur gleichen Zeit im Hafen einen Wagen anlieferte und alles beobachtet hatte, wollte den Porsche trotz allem unbedingt kaufen. Ich riet ihm ab, bat ihn, Probe zu fahren und sich dann noch einmal alles in Ruhe zu überlegen, aber je mehr ich abriet, desto mehr drängte er auf Kauf. Schließlich fuhr er glücklich nach Hause.

Herrliche Zeiten brachen an, ich hatte feste Lieferverträge mit den Amerikanern und konnte nebenbei immer wieder wunderbare alte Stücke von alteingesessenen Hamburger Familien kaufen. Man wandte sich an mich, wenn man ein schönes altes Stück veräußern wollte. Viele Bekanntschaften, die ich im Sommer auf Sylt und im Winter in Kühtai, Österreich, schloss, wurden zu Kunden und Freunden.

Am Autozug nach Sylt

Das Geschäft lief so gut, dass ich ein zeitaufwändiges und teures Hobby pflegen konnte: Ich begann Autorennen zu fahren. In Norddeutschland gab es verschiedene Plätze, auf denen regionale Autorennen gefahren wurden. In Hamburg auf der Trabrennbahn in Farmsen, bei Bad Oldesloe auf dem Travering, in Itzehoe auf einem alten Flugfeld mit dem schönen Namen „Hungriger Wolf", auf dem Flugplatz Faßberg bei Soltau oder auf dem Nordmarksportfeld in Kiel, um nur einige zu nennen. Hier erwarb man sich die Platzierungen, um dann eines Tages eine richtige Lizenz zu erhalten. Die spektakulären Rennen fanden auf dem Nürburgring statt. Mein großer Traum: einmal das „Tausend-Kilometer-Rennen" mitfahren. Ich musste nur noch das richtige Auto dafür finden.

Da entdeckte ich ein kleines, schnelles Auto mit dem Namen Matra Djet. Leicht, wendig und zugelassen in meiner Klasse: Sportwagen bis 1300 ccm. In dieser Klasse fuhren auch noch die heißen NSU-Wankelspider, der Glas 1300 GT, der Honda 800 S – sehr gut war der

Roadster geeignet, da er leichter als das Coupé war – und ein Mini Marcos. Die Wagen einer Klasse waren homologiert, das heißt in Klassen unterteilt, fuhren aber durchaus in gemeinsamen Rennen. So fuhr ich häufig zusammen mit den Prototypen, das waren Fahrzeuge, von denen maximal 500 Stück gebaut wurden. Manchmal auch zusammen mit den Tourenwagen, das waren 4-Sitzer, wie der Porsche 911 und der Alfa GT. Die großen Namen zu der Zeit: Phil und Graham Hill, Jacky Ickx, der belgische Formel-I-Pilot, Jackie Stuart und Jim Clark, der sympathische Schotte, das waren meine Vorbilder.

Matra

Die Zeit der großen Luxuskarossen in den 20er- und 30er-Jahren hatte auch in Frankreich viele experimentierfreudige Autoschmieden entstehen lassen. Bugatti, Delahaye, Delage und Talbot sowie viele andere Namen sorgten für einen guten Ruf der französischen Fahrzeuge. Nach dem Zweiten Weltkrieg bot sich ein ganz anderes Bild. Durch eine unsinnig hohe Luxussteuer und veraltete Technik hatten die großen Automodelle keine Überlebenschance mehr. Innerhalb weniger Jahre waren die prestigeträchtigen Namen verschwunden. Es begann die Zeit der kleinen Autos, in Deutschland der Käfer, in Frankreich der Citroën 2CV oder Renault Dauphine, in Italien der Fiat.
Männer wie Carlo Abarth in Italien, Peter Morgan in Großbritannien und René Bonnet und Charles Deutsch gründeten Firmen, die sich mit dem Verbessern, Frisieren und Ändern der vorhandenen Fahrgestelle, Motoren und Karossen befassten. Meist waren es begnadete Techniker, aber schlechte Kaufleute.

Mein Matra Djet als Rennwagen

Deutsch und Bonnet nannten ihre Firma nach sich selbst und führten die Buchstaben DB im Logo. Sie bauten in Champigny-sur-Marne Sportwagen auf Panhard-Basis und achteten besonders auf Aerodynamik und geringes Gewicht. Ab den frühen 50er-Jahren entstanden eine ganze Reihe von Coupés und Cabriolets, die sich durch besondere Leistungsfähigkeit und schnittige Karossen sowie geringes Gewicht auszeichneten. Das geringe Gewicht wurde erreicht, indem man die Karossen aus Kunststoff herstellte, damals eine revolutionäre Bauart! Diese außergewöhnlich attraktiven Fahrzeuge erzeugten bei diversen Sportveranstaltungen erhebliches Aufsehen, sodass auch der Hersteller Panhard aufmerksam wurde und die guten Ingenieurlösungen in die eigene Serienfertigung übernahm. Deutsch und Bonnet wurden das inoffizielle Laboratorium für Panhard. Anfang der 60er-Jahre gingen die Verkaufszahlen zurück, die Situation der Firma DB verschlechterte sich zusehends und 1962 lief der Vertrag mit Panhard aus. Panhard war inzwischen von Citroën übernommen worden und eine Neuauflage oder Verlängerung des Vertrages schien unmöglich. Daraufhin entschlossen sich Charles Deutsch und René Bonnet, ihre Firma aufzulösen und die Partnerschaft zu beenden.

Deutsch wechselte zu Panhard und arbeitete dort weiterhin als Konstrukteur und Designer, Bonnet behielt die kleine Firma in Champigny-sur-Marne und suchte einen neuen Partner. Kurze Zeit arbeitete er mit Renault zusammen, stand aber in direkter Konkurrenz zu Jean Rédété, der seine Alpine entwickelte.

Bonnet entwarf zunächst eine völlig neue Karosserie, die auf dem Autosalon von Paris im Oktober 1962 erhebliches Aufsehen erregte. Das Material war gleich geblieben: Kunststoff. Dieser wurde bei einer Tochterfirma von Matra, einem auf militärischem Sektor tätigen Konzern, gefertigt. Die schwungvolle, schlanke Karosse hatte einen flach zulaufenden Bug, verkleidete Scheinwerfer, ähnlich dem Jaguar E, ein glaskuppelartiges Heckfenster aus Plexiglas und abrupt endendes Heck mit Abrisskante. Unter der großen, nach oben aufklappbaren Heckklappe, ein Novum in der damaligen Zeit, befand sich ein um

Der Matra Djet während eines Rennens

180 Grad gedrehter Renault-Motor vor der Hinterachse. Damit war der weltweit erste serienmäßige Mittelmotor-Sportwagen entstanden. Die rennsportliche Ausrichtung zeigte sich auch in Dreieckslenkern, Stoßdämpfern und Scheibenbremsen. Seine erste Bewährungsprobe hatte dieser Prototyp bereits im Sommer 1962 beim 1000-Kilometer-Rennen auf dem Nürburgring und beim 24-Stunden-Rennen in Le Mans bestanden. Die in Paris auf dem Salon gezeigten Modelle waren für den zivilen Verkehr bestimmt, erregten zwar großes Aufsehen und Nachhall in der Presse, blieben aber sehr zögerlich im Verkauf. Die rüden Fahreigenschaften waren für den Straßenverkehr nicht geeignet: hoher Lärmpegel, harte Federung, spartanische Ausstattung und schlecht schaltbares Getriebe schreckten die meisten Interessenten bereits bei der Probefahrt ab. So war es schon erstaunlich, dass René Bonnet bis 1964 immerhin 190 Exemplare des Djet aus seiner „ultramodernen Fabrik" heraus verkaufte. Leider reichte dies alles nicht, um die Firma in die Gewinnzone zu bringen. Zwar hatte sich René Bonnet mit der Entwicklung und Herstellung von Rennwagen und Kleinserienproduktionen von Sportwagen relativ erfolgreich positioniert,

aber es fehlte leider immer am nötigen Kapital, um die Firma auf eine breitere Basis zu stellen.
Von diesen wirtschaftlichen Schwierigkeiten erfuhr natürlich auch Matra, der Konzern, der die Karossen anfertigte.
Mécanique Avion Traction, kurz Matra, ist eine im Jahre 1941 gegründete französische Firma. Zunächst baute man Flugzeuge und Rüstungsartikel, übte sich in der Entwicklung und Verarbeitung von Kunststoff und war inzwischen zu einem der potentesten Hersteller von Fernlenkwaffen herangewachsen.
In erster Linie brauchte man einen positiven Imageträger, Matra wollte nicht nur mit Rüstungsgütern in Verbindung gebracht werden. So kam die günstige Übernahme des kleinen, sympathischen Autobauers gerade recht. Der Motorsport erschien den Verantwortlichen im großen Konzern als das rechte Mittel, um den Namen Matra in der Öffentlichkeit populär zu machen.
Obwohl die Firma von René Bonnet nach dieser Übernahme in „Matra Automobile" umbenannt wurde, blieb die Ausrichtung des Mutterkonzernes wie bisher. Die Fahrzeuge waren immer nur ein schmückendes Beiwerk.

Mit dem Alltagsmatra an die Alster, nach dem Abspecken dann auf die Rennstrecke, wenn möglich auch noch auf eigener Achse hin und hergefahren

Vertragsfahrer bei MATRA

Der neue Generaldirektor ließ keinen Zweifel über die Marschrichtung im Autobau, er straffte die Produktpalette, stellte die Typen „Missile“ und „Le Mans“ ersatzlos ein und behielt nur den Djet bei. Die bisherigen Typen Djet I bis IV wurden modifiziert und mit neu gestalteter Front- und Heckpartie versehen, außerdem wurden sie deutlich komfortabler ausgestattet, um dem Publikumsgeschmack Rechnung zu tragen. Es entstanden die Typen Matra Bonnet Djet V und VS. Zwar fungierte Bonnet weiterhin offiziell als Berater, aber sein Rat war in der Firma kaum noch gefragt. Der 1100 Renault-Gordini-Motor, eingebaut im VS, erreichte beachtliche 187,5 km/h Spitzengeschwindigkeit – ein sehr guter Wert in der damaligen Zeit. Durch neue, straffere Produktion und Überarbeitung in 90 (!) Punkten erreichte der Wagen eine deutlich bessere Akzeptanz beim Publikum, zumal auch der Preis gesenkt werden konnte. 1966 waren 860 Modelle an den Käufer gebracht worden.

Ich hatte auf diversen Rennen im In- und Ausland immer wieder diese außergewöhnlichen kleinen Flitzer gesehen und ihre beachtlichen Fahreigenschaften bewundert. Da rief mich Mitte der 60er-Jahre ein Freund aus Hamburg an und erzählte mir von einem Autolagerplatz im Hafen, auf dem zwei Modelle des Typs Djet stehen würden. Elektrisiert fuhr ich dorthin und tatsächlich: Es waren Neuwagen des Typs Matra Bonnet Djet. Nachdem ich den Spediteur ausfindig gemacht hatte, erfuhr ich folgende Geschichte: Ein Hamburger Händler hatte einen Vertrag zum Import der Matra-Fahrzeuge in Paris unterschrieben, und diese beiden Wagen waren die ersten Autos, welche deutlich verspätet geliefert worden waren. Leider war dieser Händler in der Zwischenzeit aus dem Geschäftsleben ausgeschieden und der Spediteur musste in Vorleistung treten, um die Autos rechtzeitig zu verzollen und zu versteuern. Natürlich war der Spediteur jetzt heilfroh, dass er so problemlos einen Interessenten fand, und nachdem ich mit dem Hersteller alles geklärt hatte, wurden wir uns schnell einig und ich konnte die Autos übernehmen. Nach wenigen Tagen standen die beiden französischen Fahrzeuge auf meinem Hof. Sicherlich kann sich noch der eine oder andere erinnern, wie kompliziert damals die Registrierung von ausländischen Fahrzeugen für die deutsche Inbetriebnahme war. Baurat und technische Abnahme, neuer Brief, Kraftfahrtbundesamt und Herstellerbescheinigung – man kann sich kaum noch vorstellen, wie schwierig solche Dinge vor dem Zusammenschluss der Europäischen Union, vor der Zeit der Faxe und E-Mails waren. Nachdem ich alles glücklich geschafft hatte, wurde ich von Matra zu Gesprächen nach Paris eingeladen. Man suchte weiterhin einen offiziellen Deutschland-Importeur und außerdem jemanden, der mit diesen Wagen in Deutschland und anderen europäischen Ländern Rennen fahren konnte, denn ein Hauptziel blieb der Erfolg auf den Rennpisten.

Für einige Jahre sind die Wochenenden jetzt dem Autorennen gewidmet.

In Frankreich hatte man so prominente Fahrer wie Jean-Pierre Beltoise, den Formel-1-Piloten, und Henri Pescarolo im Stall. Jetzt kamen verschiedene Faktoren zusammen, die mich begeisterten: Zum einen sollte ich Generalimporteur für Matra in Deutschland werden und zum anderen einen Rennwagen zur Verfügung gestellt bekommen. Bisher hatte ich auf Porsche 356 und anderen Autos kleinere Veranstaltungen gefahren, manchmal auf der eigenen Achse hin zum Ring und nach Absolvierung des Laufes zurück wieder per Achse. Zwischendurch wurden nur Reifen und Innenausstattung gewechselt. Natürlich waren meine eigenen Fahrzeuge meist noch ein wenig fremdfinanziert und ein größerer Crash hätte mich in arge Schwierigkeiten gebracht. Diese Sorge war ich nun los, der Konzern stellte die Fahrzeuge zur Verfügung und zahlte mir sogar eine Aufwandsentschädigung – nicht ganz so hoch wie die Fahrergehälter in heutiger Zeit, aber ein schönes Zubrot. Paris und viele Rennstrecken wurden nun für einige Zeit mein Zuhause, dem eigenen Geschäft widmete ich mich eher im Winter, wenn der Rennzirkus Pause machte.

Das spektakuläre Tausend-Kilometer-Rennen auf dem Nürburgring (wenn der erste Fahrer die 1.000 Kilometer erreichte, wurde abgebrochen und die Wertung erfolgte), zusammen mit so berühmten Fahrern wie Phil Hill und Graham Hill, Jacky Stuart und Jacky Ickx, bestückten wir mit dem Matra in der Klasse der Sportwagen bis 1.300 ccm zusammen mit den Prototypen und Tourenwagen. Andere Homologisierungen, wie zum Beispiel Sportwagen bis 1.300 ccm, betrafen Fahrzeuge wie den Honda 800, den NSU Wankelspider, den

Glas 1300, den Mini Marcos und eben den Matra Djet. Auch Tourenwagen (4-Sitzer) starteten gleichzeitig, so zum Beispiel der Porsche 911 und der Alfa GT.

Ich lernte viele Rennstrecken mit ihren Besonderheiten und Tücken kennen. 24 Kilometer südlich von Paris befand sich der Kurs Linas-Montlhéry, die Hausstrecke von Matra. 1924 in der Rekordzeit von sechs Monaten erbaut, gab es erst nur einen kleinen und inzwischen auch einen großen Rundkurs. Für die internationalen Rennen wurde der große Rundkurs von 12,5 Kilometern gefahren. Der kleine Kurs bestand aus zwei kurzen Geraden von je 180 Metern Länge, verbunden durch zwei Steilkurven, hier wurden schon in den 20er-Jahren Geschwindigkeitsrekorde gefahren. Parallel zur jährlichen Pariser Autoausstellung fand in unregelmäßigen Abständen der „Coupe du Salon" statt. International bekannt wurde die Strecke durch Claude Lelouchs Film „Ein Mann und eine Frau" mit Anouk Aimée und Jean-Louis Trintignant. Alle Rennszenen spielen in Linas-Montlhéry. Bis zum Jahr 2005 wurden dort Rennen gefahren.

Ab 1964 fuhr ich auf Matra Djet und war sehr stolz, dabei zu sein. Nach dem Rennen wurde ich als Fahrer gefeiert und von den Direktoren erst wunderbar zum Essen und dann ins Moulin Rouge eingeladen, man zeigte mir das Nachtleben von Paris: So also fühlte sich das unbeschwerte Leben eines erfolgreichen Playboys an.

1965 war ich dann ebenfalls zugegen, als Matra den sowjetischen Kosmonauten Juri Gagarin eingeladen hatte. Juri Gagarin hatte 1961 als erster Mensch im Weltraum die Erde umkreist und war sicher auf dem Weltraumbahnhof Baikonur in den Steppen Sibiriens gelandet. Ein Schock für die Amerikaner! Die Russen dominierten die Raumfahrt, nach dem Sputnikschock von 1957 jetzt der erste erfolgreiche, bemannte Weltallflug. Im Ostblock längst ein Jugendidol, wurde dieser sympathische junge Russe, der lachen konnte und gute Umgangsformen hatte, von den Herren des Politbüros kreuz und quer durch die Welt geschickt. Als gern gesehener Botschafter seines Landes nahm er der Fratze des stalinistischen Kommunismus ihre Boshaftigkeit. Wer ihn kennenlernte, ahnte, dass auch jenseits des Eisernen Vorhanges Menschen lebten, die fröhlich waren, die Ingenieurleistungen erbringen konnten und die vermutlich mit all ihren Emotionen und Wünschen nicht anders waren als man selbst. Das hatte ich nicht erwartet, die Zeitungen berichteten doch immer von dem Bösen schlechthin, dem Weltkommunismus, der uns angeblich allen nach dem Leben trachtete. Juri Gagarin trat öffentlich für die Erforschung des Weltalls und für das politische System der Sowjetunion ein. Er wurde als Staatsgast empfangen und erregte öffentliche Aufmerksamkeit. Dies wollte Matra für sich nutzen. Anlässlich seines Besuches im Sommer 1965 schenkte das Direktorium ihm medienwirksam einen Wagen des Typs Djet.

Heiße Ware

Ende 1966/Anfang 1967 rief mich verschiedentlich ein sympathischer Mann aus Essen an. Er stellte sich als Vermittler mit guten Kontakten vor und bot immer wieder Porsche-Wagen zum Kauf an. Schließlich war ein passendes Fahrzeug für mich dabei und wir verabredeten uns für die nächste Woche in Hamburg. Beim ersten Kontakt wollte er selbst den Wagen bringen, sonst machten das seine Fahrer.
Er kam pünktlich, der Wagen war genauso wie beschrieben und ich kaufte das Fahrzeug. Damals war es selbstverständlich, dass man mit Bargeld bezahlte. Da mir Herr M. auch jetzt im persönlichen Gespräch sehr sympathisch war, lud ich ihn in das feudale Mühlenkamper Fährhaus zum Essen ein. Ein typisches Hamburger Gericht, Pannfisch mit Bratkartoffeln, schmeckte uns. Wir besprachen unsere weitere Zusammenarbeit. Eigentlich war er an leitender Stelle in einem großen Konzern tätig, häufig auch im Ausland, aber durch seine vielfältigen Kontakte kam er günstig an interessante Fahrzeuge heran. Sein Auftreten und seine Sprache gefielen mir und wir verabschiedeten uns sehr freundschaftlich.
Der Wagen war wirklich sehr schön und ich verkaufte ihn nach wenigen Tagen an Herrn St., den Inhaber eines Autohauses in Berlin. Von Herrn M. hörte ich leider nichts mehr – sehr schade, die anvisierten Folgegeschäfte blieben aus. Routinemäßig rief ich nach einigen Wochen bei Herrn St. in Berlin an und fragte, ob er mit dem Auto zufrieden sei. „Ja, sehr, ich habe ihn auf mich zugelassen und fahre ihn selbst." Schön, das hörte man gern. Es vergingen wieder einige Wochen und Herr St. meldete sich bei mir. Nach wie vor sei er mit dem Wagen sehr zufrieden, aber die Polizei hatte sich bei ihm gemeldet, irgendetwas stimmte mit dem Wagen nicht. Was, das konnte er noch nicht sagen.

Ich versuchte, Herrn M. in Essen zu erreichen – Fehlanzeige, die Nummer gab es nicht mehr. Nun meldete sich auch bei mir das Diebstahldezernat der Hamburger Polizei. Da ich schon verschiedentlich Fahrzeugdiebe dingfest machen konnte, ging man sehr freundlich mit mir um. Offenbar war der Wagen gestohlen worden und der Brief gefälscht. Mir war nichts aufgefallen, Herrn St. aus Berlin war nichts aufgefallen und der Zulassungsstelle in Berlin auch nicht. Es handelte sich also um eine sehr gute Fälschung. Aber das gestohlene Auto war zur Fahndung ausgeschrieben und da es einige äußerliche Besonderheiten hatte, wurde es schnell im Straßenverkehr erkannt. Die Versicherung hatte dem Geschädigten inzwischen den Schaden erstattet. Er wollte sein Auto nicht zurück. Der nette Herr M. aus Essen, ein Dieb? An gestohlener Ware konnte man kein Eigentum erwerben – es sei denn …

So ein Porschetraum weckte auch vor vielen Jahren schon mal kriminelle Energien.

Herr St. hatte inzwischen schon Tausende von Kilometern mit dem Porsche gefahren. Er wollte jetzt seinen gesamten Kaufpreis zurück – dies entsprach auch dem geltenden Recht. Ich überlegte fieberhaft, was zu tun sei, fragte Freunde und Bekannte und hatte schließlich eine Idee. Von der Polizei erfuhr ich, welche Versicherung beteiligt war. Ich wandte mich an den Sachbearbeiter und schlug Folgendes vor: Ich würde Geld bezahlen und nachträglich den Kfz-Brief ankaufen. Ja, diesen Vorschlag wollte der Sachbearbeiter seinem Vorgesetzten unterbreiten.

Inzwischen kam ein Einschreibebrief von der Firma St. aus Berlin. Man verlangte umgehend das Geld zurück. Warum meldete sich die Versicherung nicht? Ich beschloss, selbst dort vorzusprechen.

Ich steckte Bargeld ein, formulierte ein Schreiben und machte einen Termin mit dem zuständigen Abteilungsleiter der Versicherung. Nach mehreren Verhandlungsrunden rückten die Herren von ihrer ursprünglichen Forderung, der gesamte erstattete Betrag müsse von mir gezahlt werden, ab. So viel konnte und wollte ich nicht noch einmal bezahlen. Schließlich einigten wir uns auf den Preis von 10.000 DM. Man darf ja nicht vergessen, dem Betrüger hatte ich auch bereits Geld für diesen Wagen gezahlt. Ich erhielt einen Eigentumsnachweis, den Kfz-Brief wollte man mir in ein paar Tagen per Einschreiben zusenden.
Herr St. rief an und meldete schadenfroh seinen Besuch an: „So billig bin ich noch nie Porsche gefahren! 20.000 Kilometer in 5 Monaten. Tut mir ja fast ein bisschen leid für Sie." Sollte ich mich darüber ärgern oder freuen? Endlich kam das Einschreiben der Versicherung und Herr St. kündigte sein Erscheinen an. Ich war gerade mit einem Kunden unterwegs, da rief meine Sekretärin an: „Herr St. ist jetzt da und möchte sein Geld abholen." Ich fuhr ins Büro, wir begrüßten uns und Herr St. erzählte, dass er gleich weiter wollte, um ein anderes Auto zu kaufen. Da zog ich das Schreiben der Versicherung und den Kfz-Brief aus meiner Tasche. „Bitte sehr, es freut mich, dass Sie nun doch rechtmäßiger Besitzer werden können – wo Ihnen der Wagen doch so gut gefällt!"
Herr St. war sprachlos. „Wie? Ist doch gestohlen", stotterte er.
„Ja, ich habe mich wirklich sehr bemüht, Ihnen das Eigentum zu verschaffen. Das war nicht so leicht." Kleinlaut fuhr er nach Berlin zurück.
Ende der 70er-Jahre kamen eines Tages zwei gut gekleidete Herren mit leichtem Ruhrpottdialekt in mein Geschäft. Interessiert schauten sie sich meine Fahrzeuge an. Wir kamen ins Gespräch, und mit einem Mal schoss es mir durch den Kopf: „Wir kennen uns", sagte ich zu dem einen, „von Ihnen habe ich mal einen sehr schönen Porsche gekauft!" „Ach", sagte er misstrauisch, „das weiß ich gar nicht mehr!" „Doch, das war ein schöner 911er Porsche, damals fast neu und so günstig!" „Mensch, haben Sie ein Gedächtnis!" „Tja, das muss aber

schon mehr als zehn Jahre her sein. Damals hatte ich noch den anderen Laden, wo jetzt das Pöseldorfcenter gebaut ist." Zehn Jahre ist die Verjährungsfrist von Eigentumsdelikten. Mit einem Mal hatten es die beiden eilig, und ich verabschiedete sie. „Auf Wiedersehen, Herr M." „Ich heiße nicht M." Ja, das war mir klar.

Traumland Schweiz

In einer Schweizer Autozeitung fand ich eine Anzeige: Triumph Spitfire zu verkaufen. Dafür hatte ich einen festen Kunden und nach einigen vertrauensbildenden Telefonaten mit dem Verkäufer entschloss ich mich, mit dem Zug und der roten Nummer in der Aktentasche zu starten. Im Allgemeinen hatten die Fahrzeuge aus der Schweiz eine gute Reputation und der Verkäufer machte einen sehr seriösen Eindruck. Er beschrieb den Wagen als neuwertig, so konnte nichts schiefgehen.

Der Triumph Spitfire, stolzer Sieger der „Goldenen Zitrone"

Abends nahm ich im Kanton Solothurn ein gediegenes Hotelzimmer, deponierte das mitgebrachte Bargeld im Hotelsafe und machte mich im Zimmer frisch. Ich freute mich auf ein gepflegtes Abendessen. Als ich wieder in die Halle herunterkam, standen dort zwei Herren in langen Ledermänteln. Sie schienen auf jemanden zu warten. Einer sprach mich an: „Grüezi, sind Sie der Herr Mirbach?" „Ja." „Woher haben Sie das viele Geld?" „Von meiner Bank." „Ja, das müssen Sie uns beweisen." „Wie soll ich das tun?" „Anrufen!" Ich begann mich aufzuregen, nach der langen Zugfahrt war ich hungrig und müde, morgen sollte ich den Besitzer des Spitfire treffen und gleich die lange Heimfahrt nach Hamburg antreten. Was wollten diese beiden eigentlich von mir? „Also hören Sie mal, es ist nach acht Uhr abends, da ist doch niemand mehr in der Bank. Was soll das eigentlich? Ich bin hier Gast und möchte morgen ein Auto kaufen und bezahlen."

„Also, Herr Mirbach, wenn Sie das nicht beweisen können, dann folgen Sie uns auf die Gendarmerie." „Das ist doch eine Unverschämtheit! Glauben Sie, dass ich lüge?" „Regen Sie sich nicht so auf, Herr Mirbach. Es gibt ein Switzverbot! Dann dürfen sie unser Land gar nicht mehr betreten!"
Was blieb mir übrig? Ich ging also mit. Dem Portier warf ich noch einen bösen Blick zu. Er musste die Polizei gerufen haben. Auf der Gendarmerie komplimentierte man mich in die einzige, karge Zelle. Dort saß ich nun und hatte die ganze Nacht Zeit zum Nachdenken. Über der Tür hing ein Schild mit folgender Inschrift: Hier sitzen Menschen ein, die wahrscheinlich unschuldig sind.
Am nächsten Morgen holte man mich heraus und der Kommissar forderte mich auf, in Hamburg bei meiner Bank anzurufen und alles klarzustellen. Ich rief dort an und bat den Filialleiter, hier bei der Schweizer Polizei zurückzurufen. Mein Filialleiter bestätigte, dass ich vor zwei Tagen das Geld abgeholt hatte. Somit waren alle Verdächtigungen ausgeräumt. Die Polizei präsentierte mir die Rechnung für das Telefonat: 15 Fränkli. Mit dem Taxi fuhr ich zum Hotel: 35 Fränkli. Schnell holte ich aus dem Hotelzimmer meine Sachen und wollte einfach nur den Schlüssel beim Portier abgeben und mein Geld wieder in Empfang nehmen, da präsentierte er mir die Rechnung. So eine bodenlose Frechheit! Erst bekomme ich nichts zu essen, dann werde ich grundlos verdächtigt und muss die Nacht in einer kargen Zelle auf einer harten Prische verbringen, und jetzt die Rechnung für eine Übernachtung. Ohne etwas zu sagen, nahm ich mein Geld, riss die Rechnung in kleine Fetzen und streute diese wie Konfetti auf den üppigen Teppich. Nur raus hier und zu meinem Termin.
Der Spitfire war nicht besonders gut und nicht besonders schlecht. Allerdings war der Auspuff defekt, und so kamen die Abgase ins Fahrzeug. Um nicht vergiftet zu werden, musste ich offen nach Hamburg zurückfahren. Schlecht gelaunt, mit einem Schnupfen und völlig ausgehungert kam ich zu Hause an. Ins Traumland Schweiz bin ich so schnell nicht wieder gefahren.

Bei Nacht und Nebel

Ich komme gegen elf Uhr abends aus dem Nachtclub „Nach Acht", einer netten, 1970 sehr angesagten Diskothek am Mittelweg, hole meinen Aktenkoffer und fahre zu Opel Nissen. Das ist mitten in der Stadt, direkt neben einem großen Verlagshaus, welches eine bundesweit sehr bekannte Tageszeitung druckt. Am Nachmittag hatte mich mein alter Freund Harry aus gemeinsamen Opel-Tagen angerufen und mich sehr aufgeregt für kurz vor Mitternacht ins Geschäft bestellt. Ich ahnte, worum es ging. Wusste ich doch von Harry, dass der Verlag all seine Lieferwagen bei Opel Nissen kaufte.

Schräg gegenüber von meinem Laden am Mittelweg ging die Sophienterrasse ab, eine ziemlich exklusive Wohnstraße nahe der Alster. Dort wohnte der Generalbevollmächtigte des Verlages und fuhr abwechselnd mit seinen zwei schwarzen Mercedes-Wagen bei mir vorbei. Ein 300 SL Roadster und ein 300 SE Cabriolet Typ 111, beide erst wenige Jahre alt und wunderschön. Der 300 SL Roadster fiel auch damals schon im normalen Straßenbild auf. Mit seinem cremefarbenen Leder und der tollen Linie war er ein echter Hingucker, ganz zu schweigen vom Motorgeräusch.

Mit meinem VW-Cabrio fuhr ich in die Neustadt, bei Nissen brannte Licht und Harry wartete schon auf mich. Und tatsächlich, ich hatte richtig vermutet, hier standen die beiden schwarzen Mercedes-Gebrauchtwagen. Ich versuchte, absolut ruhig zu bleiben, aber innerlich war ich sehr aufgeregt. Harry sagte: „Du, diese beiden Auto sollen so schnell wie möglich weg." „Ja, was sollen sie denn kosten?" „Was gibst du?", lautete die Gegenfrage. Ich überlegte, gerade waren einige Porsche 356 auf dem Weg zum Kunden, auch einige andere Geschäfte hatten sich angebahnt und ich wagte es, 30.000 DM zu sagen. „Ok, du bekommst sie. A.S. kann sie nicht mehr sehen. Die

Autos erinnern ihn an jemanden, der nun nicht mehr im Verlag ist. Ich regele alles. Allerdings macht ein Notar die Kaufverträge. Das erledigen wir morgen, dann kannst du kommen, bezahlen und abholen."
Auf dem Weg nach Hause war mir mulmig zumute, was hatte ich getan! So viel Geld für zwei Autos, allein 22.000 DM inklusive Mehrwertsteuer für den 300 SL mit der Fahrgestellnummer 198.042-10-002936. Mir stand eine schlaflose Nacht bevor, und am nächsten Morgen regelte ich als Erstes alles mit der Bank, bekam das Bargeld ausgehändigt und stand mittags wieder vor dem Büro meines Freundes. Ein mehrseitiger Vertrag wurde mir vorgelegt. Es galten erhebliche Einschränkungen, was ich mit diesen Autos machen durfte und an wen ich sie nicht verkaufen durfte! Nicht an den Golflehrer P. vom Falkenstein, nicht an seinen ehemaligen Generalbevollmächtigten Herrn K., nicht an Gastwirte und nicht an Menschen mit dem Wohnsitz in Hamburg 4 (das war St. Pauli). Nun gut, ich unterschrieb. Auf dem Weg zum Laden am Mittelweg wurde mir klar, es war die richtige Entscheidung gewesen, diese tollen Fahrzeuge zu kaufen. Der 300 SL lief wunderbar und auch das 300 SE Cabrio war in einem neuwertigen Zustand.

Der 300 SL, fast noch ein Neuwagen, steht am Mittelweg 46.

Stolz stellte ich die Wagen in mein Schaufenster. Die beiden Schmuckstücke lockten viele Gucker und potentielle Probefahrer an. Täglich kamen sie ins Geschäft, saßen Probe, testeten die Funktionen aller Schalter, begutachteten die Reifen mit Kennerblick und signalisierten Interesse. Nur: eine Probefahrt müsste doch jetzt möglich sein! Nein, war sie nicht. Ich hatte zu großen Respekt vor dem 300 SL, als dass ich damit dauernd Probefahrten zulassen wollte. Es musste schon der richtige Kunde für so ein Fahrzeug kommen. Mich selbst juckte es na-

türlich auch, mal eine längere Fahrt damit zu machen. Da kam mir die Einladung meines Freundes, Prinz Michael von Preußen, zu seinem 30. Geburtstag am 22. März nach Königstein im Taunus gerade recht. Ein bisschen dachte ich natürlich auch an die illustre, versammelte Gästeschar. Es wäre doch möglich, dass sich darunter auch ein Interessent befinden würde.
Mittags lud ich eine Decke für meinen fünfjährigen Sohn hinten ein, eine Sitzbank gibt es dort nicht, nur eine kleine Ablagefläche. Ein kleines Köfferchen mit Übernachtungsutensilien, meine Frau und ich zwängten uns ins Auto und los ging es. Ohne Anschnallgurte, ohne Kindersitz ziemlich schnell über ziemlich leere Autobahnen. So konnte man die Beschleunigung ausprobieren, die Endgeschwindigkeit und das Fahrverhalten testen. Ein 300 SL erfordert die volle Kraft und Aufmerksamkeit des Fahrers. Keine Servolenkung, keine mit heute vergleichbaren Bremsen, dafür ein lautes Ansauggeräusch. Dies macht eine gepflegte Unterhaltung unmöglich und in der aufgeheizten Fahrgastzelle benötigte man keinen Winterpullover, der große Sechszylinder-Motor sorgte für sommerliche Temperaturen.
In Königstein erwartete uns Michael mit zwei Brüdern und seinem Vater. Eine toll gedeckte Tafel auf Schloss Königstein. Das Essen, eher spartanisch – kein großes Brimborium, bescheiden, aber lustig. Die Getränke waren deutlich üppiger. Prinz Louis Ferdinand verließ uns bald und fuhr in seinem chauffeurgesteuerten Citroën Prestige nach Hause, wir blieben bis zum Morgengrauen. Bei einem späten, ausgedehnten Frühstück erreichte mich die Nachricht, dass mein Vater gestorben war. Wir sprangen ins Auto und fuhren zurück nach Hamburg. Auch meine Spekulation auf den Verkauf an einen der illustren Gäste hatte sich nicht erfüllt. Inzwischen hatte ich den schwarzen 300 SL bereits sechs Wochen und es gab nicht einen ernsthaften Interessenten für 29.900 DM.
Zum wiederholten Male annoncierte ich in der „Auto, Motor und Sport" und im „Hamburger Abendblatt", langsam bekam ich kalte Füße – was, wenn ich diese Autos nun gar nicht verkaufen konnte?

Endlich, mein Freund und Nachbar, der Kaufmann Heino R. – er betrieb das „Nach Acht", einen exclusiven Nachtclub im Stadtteil Pöseldorf –, kaufte, eigentlich ja nicht erlaubt, das 300 SE Cabrio. Eine Sorge weniger! Der 300 SL war auf mich zugelassen und ich fuhr ihn bei jeder Gelegenheit zu den einschlägigen Adressen, mittags zum Spaghettiessen zu Mario in der Milchstraße, abends ins „Campari" oder „Nach Acht", vor die „Cheesa" oder nach Sylt. Manchmal auch einfach nur zur Bank oder zum Einkaufen. Verflixt, es passierte nichts.

Damals war der Mittelweg in Hamburg noch nicht so schick wie heute.

Schließlich klingelte das Telefon und Herr M. aus Hannover stellte die richtigen Fragen. Am nächsten Tag kam er mit seiner Frau nach Hamburg, schaute intensiv und mit Kennerblick. Gemeinsam fuhren wir Probe und er war begeistert, nicht ganz so begeistert war er vom Kaufpreis. Inzwischen war ich ja ziemlich weich gekocht und ließ mich auf 28.000 DM runterhandeln. Er zog das Geld aus der Tasche – nahm zwei 1.000-D-Mark-Scheine ab, übergab diese seiner Frau und sagte: „Na Mausi, gleich fahren wir noch ein bisschen in die Stadt, such dir was Schönes aus!" Ich schrieb den Vertrag, zählte das Geld und schrieb eine Quittung. Herr M. und seine Frau stiegen ins Auto und fuhren los. Alles war unerwartet schnell und leicht gegangen und irgendwie hatte ich das Gefühl, etwas falsch gemacht zu haben. In meinem Eifer hatte ich gar nicht bemerkt, dass Herr und Frau M. mit dem Zug aus Hannover und mit dem Taxi zum Mittelweg gekommen waren. Herr M. war also von vornherein fest entschlossen gewesen, den Wagen zu kaufen. Ich Trottel!

Allerdings wurde ich dadurch entschädigt, dass Herr M. nach einem halben Jahr feststellte, dass er den Wagen eigentlich gar nicht fuhr. Er war einfach körperlich zu groß für das Auto. So brachte er ihn wieder zum Verkauf nach Hamburg. Diesmal verkaufte ich den schwarzen Traum an einen bekannten Erben einer großen nationalen Versicherung. Er behielt ihn einige Jahre und irgendwann war ihm der Gebrauchtwagen doch zu altbacken und kompliziert. Es gab ja so schöne neue Autos! Er schwankte zwischen einem Golf GTI und einem Ford Capri und brachte ihn zurück. Dann kaufte ihn Klaus Louis K. aus Bremen, nach seinem frühen Unfalltod verlor sich die Spur einige Jahre. Aber 2011 ist der Wagen bei einem Sammler wieder aufgetaucht, und dieser bat mich um alte Unterlagen. Da ich seit 1960 durchgängig Händlerbücher führe, konnte ich ihm mit einigen Informationen helfen. In diese Händlerbücher trage ich chronologisch jedes Auto mit Fahrgestellnummer und Besonderheiten ein sowie Käufer und Verkäufer jeweils mit dem Preis. So lässt sich die Preisentwicklung der Modelle ziemlich gut nachvollziehen und immer wieder denke ich: Wenn ich den Wagen nur behalten hätte …

Nasser Sommer auf Sylt

Endlich ein paar Tage Urlaub, mal raus aus der Tretmühle und den Julisonnenschein genießen. Nachdem ich sehr viele Ferrari Dino und BMW 2000 tii nach Japan verkauft hatte, war jetzt im Sommer ein wenig Ruhe eingekehrt und ich wollte die freie Zeit nutzen, um nach Sylt zu fahren. Raus aus der heißen Stadt an die frische Nordsee zum Baden – und natürlich ein wenig einkehren in die einschlägigen Restaurants und Diskotheken. Mein kleiner Sohn Nicolas und seine Mutter waren schon mit dem Jaguar E-Type vorgefahren und ich nahm am Samstagnachmittag den Willys Jeep und startete. Schon die Fahrt durch das sommerlich stille Dithmarschen hoch nach Nordfriesland war eine Erholung. Bei Niebüll am Bahnhof erwischte ich dann noch einen letzten Platz oben auf dem späten Autozug nach Sylt und wurde in den Abendhimmel hinein durch das auflaufende Wattenmeer zur Nordseeinsel geruckelt.

Da ich auf den letzten Drücker am Zug angekommen war, musste ich beim Schaffner einfach nur die Zulassung abgeben und sollte morgen am Bahnhof Westerland das Ticket bezahlen und dann den Fahrzeugschein zurückbekommen. Die Fahrt dauerte eine Dreiviertelstunde, erst noch Festland und dann über den elf Kilometer langen Hindenburgdamm, damals noch eingleisig. Die Möwen schrien und der Wind wehte leicht, dramatische Wolken zogen über den Abendhimmel. So liebe ich Norddeutschland. Endlich angekommen, machte ich erst einmal eine Fahrt auf der Inselhauptstraße zur Nordspitze nach List, dann aufmerksamkeitsheischend zurück durch Kampen, Wenningstedt wieder nach Westerland, um in Tinnum in mein langjähriges Quartier bei Tischler Kraut einzuchecken. Mein Freund Horst, der Werbetexter, und andere Bekannte waren schon seit einigen Tagen dort.

Miesmuscheln werden an der Küste nur in den Monaten mit einem

„R" im Namen serviert, und da jetzt Juli war, musste ich auf mein Lieblingsessen verzichten. Also schnell etwas in den Magen und auf ins berühmte Nachtleben. Zuerst zur „Kupferkanne", damals ein angesagter Treffpunkt auf der Insel. Kurz vor Kriegsende setzte Günter Rieck als Oberleutnant der Kriegsmarine das erste Mal seinen Fuß auf das Eiland. Nach der Kapitulation wurde er in einen halb in die Erde eingelassenen Flakbunker bei Kampen einquartiert. Nebenan befand sich eines von 800 Sylter Hünengräbern. Bevor Rieck in den Krieg ziehen musste, hatte er als Bildhauer gearbeitet. Nun grub er sich ein Schlafzimmer in die Erde, meißelte ein großes Fenster in den Bunker und arbeitete hier fortan in seinem Atelier. Schnell kamen die ersten Freunde auf ein Glas Wein vorbei. Idyllisch in der Dünenlandschaft, völlig abgeschottet vom Chaos und der Not der Nachkriegszeit, entwickelte sich aus dem Atelier 1950 ein Künstlerlokal: „Die Kupferkanne". Draußen schweifte der Blick weit über die Heide, drinnen entstand ein Labyrinth aus verwinkelten Gängen und schmalen Treppen. Es gab Grotten, die ausschließlich von Kerzenlicht erleuchtet wurden.
1971 dröhnte aus den Musikboxen Miguel Rios' „Song of Joy", „Rose Garden" und das Lied vom Esel „Borriquito". Nach einem kurzen Intermezzo in der Kupferkanne zogen wir weiter ins „Pony" nach Kampen. Hier dauerten die Nächte immer ewig und waren entsprechend feucht. Da ich aber doch ziemlich müde nach der anstrengenden Zeit war, wollte ich kurz vor Mitternacht in mein Quartier fahren. Horst und einige andere wollten mit und wir stiegen mit sechs Mann in den Jeep. Nicht mehr ganz nüchtern sausten wir in der lauen Sommernacht dahin. Zurück durch Kampen über Wenningstedt Richtung Westerland. Nichts ahnend bog ich um eine Kurve und sah vor mir eine rote Kelle hin und her schwenken, in kurzer Entfernung mitten auf der Inselstraße eine Polizeisperre. Mist, sicherlich hatte ich zu viel getrunken, um ungeschoren davonzukommen. Ohne Führerschein in meinem Beruf: undenkbar! Aber ich hatte doch einen „Allradjeep"! Ich riss das Steuer rechts rum Richtung Strand und humpelte über die unebene Wiese bis zum nächsten Weg runter ans Wasser. Horst war so gegenwärtig,

dass er schnell seinen Elbsegler vors Nummernschild hielt. Auch ein im Wege stehender Zaun konnte uns nicht aufhalten. Inzwischen schrillten hinter uns die Trillerpfeifen, Polizeiautos – damals noch VW-Käfer, die statt der Türen Ketten an den Seiten hatten – wurden gestartet und man versuchte, uns zum Halten zu bewegen. Aber es war zu spät und ich setzte alles auf eine Karte. Die Polizei versuchte uns zu verfolgen, musste aber nach kurzer Zeit aufgeben, der Käfer hatte sich auf der feuchten Wiese hoffnungslos festgefahren. Ich hatte keine Wahl: Vor mir war nur noch eine steile Treppe runter zum Strand. Festhalten, Augen zu und runter. Man ahnt nicht, was so ein Jeep alles kann. Ein VW Käfer zum Glück nicht. Bei dieser Aktion verloren wir einen Mitfahrer, der sich nicht gut genug festgehalten hatte. Er suchte sein Heil in der Flucht zu Fuß. Unten auf dem Strand sortierten wir uns und bemerkten, dass unsere Verfolger nicht mehr zu sehen waren. Ich fuhr nun ruhig und leise im Dunkeln – Scheinwerfer aus – bis nach Westerland. Hier die Treppen wieder rauf, über die Strandpromenade und auf Schleichwegen nach Tinnum. Schnell den Wagen hinters Haus in die Garage und leise ins Bett. Bloß kein Aufsehen mehr erregen. Zum Glück war niemand zu Schaden gekommen.
Am nächsten Morgen lieh ich von Tischler Kraut ein Fahrrad und fuhr zum Westerländer Bahnhof. Ich bezahlte meine Passage, erhielt meinen Fahrzeugschein zurück und bekam eine handgeschriebene Quittung mit Datum. Irgendwie hatte ich ein mulmiges, leicht übles Gefühl als ich nach dem Frühstück ins Auto stieg, um zum Strand zu fahren. So viele Jeeps gab es damals auf der Insel noch nicht. Und eigentlich war mein Verhalten auch ziemlich dämlich gewesen. Was macht man bloß manchmal für Sachen!
Gar nicht weit hinter Westerland war dann tatsächlich eine unentrinnbare Polizeisperre aufgebaut. Breitbeinig und hinterhältig grinsend kam der Polizist auf mich zu. „Na, da haben wir ja unseren Jeep-Fahrer von gestern Abend!" Siegessicher zog er seinen Block hervor und winkte seinen Kollegen näherzukommen. Mir fiel mein am Morgen bezahltes Ticket wieder ein und ich fragte: „Was meinen Sie? Ich bin

eben erst angekommen!" „Ja, ja, wir kennen alle Ausreden! Also: her mit dem Führerschein und aussteigen!" Sein Ton wurde nun etwas forscher: „Wir lassen uns hier nicht veralbern!" Wortlos übergab ich ihm meinen Fahrzeugschein, den Führerschein und das Bahnticket mit Datum: „Bitte schauen Sie, hier steht es: heute Morgen angekommen." Ich hatte Mühe, ganz ernst zu bleiben. Die Miene des Polizisten verdüsterte sich. Er konnte es nicht begreifen. Eben noch leicht überheblich, wurde er nun unsicher. „Das kann doch nicht sein? Aber Tatsache, hier steht es, eben erst angekommen. Dann muss es einen zweiten Jeep auf Sylt geben. Kaum zu glauben." Er wandte sich an seine Kollegen: „Leider, Jungs, ist er das nicht. Wir müssen weitersuchen!"

Ich war ganz schön ins Schwitzen gekommen, da konnte ein erfrischendes Bad in der Nordsee nicht schaden. Der 40 Kilometer lange Sandstrand an der Westküste Sylts bot viele schöne Ecken, aber angesagt war der leicht anrüchige FKK-Strand bei Kampen mit dem klingenden Namen „Buhne 16". Hier trafen wir uns. In den windgeschützten Dünentälern erreichte die Temperatur um die Mittagszeit durchaus Saharagrade. Man ging spazieren, badete oder spielte Volleyball. Eis oder Getränke gab es an den Kiosken, die, weit weg, rund um die Parkplätze angesiedelt waren. Das war bei dieser Hitze einfach zu weit und keiner hatte so recht Lust, dorthin zu laufen. Der Durst wurde größer und das Verlangen nach kalten Getränken wuchs. Sollte man losgehen, sollte man nicht? Aber dazu müsste man sich bei dieser Hitze anziehen und würde sicherlich schweißüberströmt am Kiosk ankommen, also besser bleiben, wo man war. Aber der Durst – und zu allem Überfluss fantasierte Horst, der Werbetexter, noch über kaltes Bier. Das war zu viel. Endlich ging einer los und versprach, mit kalten Getränken zurückzukommen

Wir schwitzten weiter in der Sonne. Horst erzählte von seiner erfolgreichen Werbung für Beck's Bier. Mit dem Spruch „Ja, Beck's!" hatte seine Agentur einen dicken Fisch an Land gezogen. Ja, so ein Beck's, das wär's jetzt. Wir glaubten schon nicht mehr daran, dass unser

Freund sein Versprechen wahr machen würde, vermutlich hatte er sich einfach ins Auto gesetzt und war zu einem schattigen Platz gefahren – hätte ich wahrscheinlich auch gemacht. Doch da zeigte einer mit dem Finger in Richtung Bohlenweg und fing laut an zu kreischen und zu lachen. „Guckt mal, ich glaub es ja nicht!" Unglaublich: Vorweg der Freund im Adamskostüm, dahinter in einer kleinen Prozession mehrere Kellner in langen Schürzen mit Tabletts voller Biergläser. Der Weg war weit gewesen und das Bier hatte schon etwas gelitten, kühl war es auch nicht mehr, aber nass! Man stelle sich vor: Eine Schar verschwitzter, nackter Badegäste trinkt an einem heißen Sommertag schales warmes Bier und freut sich diebisch. Die Kellner erhielten ein großzügiges Trinkgeld und zogen im Gänsemarsch mit leeren Gläsern wieder ab. Der Nachmittag dümpelte so dahin. Bei Ebbe war das Wasser jetzt sehr weit weg, und kaum stieg man aus den leichten Wellen, schwitzte man bereits wieder. Bis zum Strandkorb war jegliche Erfrischung dahin. Irgendwie juckte es uns in den Fingern, noch etwas Verrücktes zu tun. Mein Sohn Nicolas und ich setzten uns in den Jeep und fuhren die Straße nach List. Nur in einem T-Shirt bei leichtem Fahrtwind genossen wir den Duft des Wacholders. Einzigartig auf den Nordseeinseln gibt es diesen typischen, intensiven Sommerduft. An der Blitzelbucht bogen wir ab in Richtung Wasser und wollten mal schauen, ob Schiffe draußen vor der Insel fuhren. In dem gleißenden Nachmittagslicht konnte man das bleigraue Wasser kaum vom bleigrauen Himmel unterschieden, der Horizont war fast nicht auszumachen und Nicky veranlasste mich, immer weiter ans Wasser heranzufahren. Durch einige Senken, wie sich später herausstellte, waren das Priele, fuhren wir über den festen Wattboden tatsächlich bis an den Wassersaum. Mit dem Fernglas erblickten wir Ausflugsboote und einige Segler. Es war herrlich so mitten im Nirgendwo, keine Menschen um uns herum. Im Norden konnte man Rømø, die dänische Nachbarinsel, sehen. Selten hat man hier so klare Sicht. Was wir nicht bemerkt hatten: Das Wasser lief auf. Hinter uns im Priel stand es bereits kniehoch. Ich ließ den Wagen an und setzte

Erst noch hoch und trocken und Minuten später schon versinkt der Jeep in den Fluten der Nordsee.

zurück. Mit einiger Mühe schaffte ich ein paar Meter, doch dann saß ich fest. Alle vier Räder drehten frei, ich saß mit dem Getriebe auf. Nichts ging mehr.

Der Motor drehte noch ein paar Mal, dann Schweigen. Was sollten wir tun? Weit draußen vor dem eigentlichen Strand an einem einsamen Ort? Es gab noch keine Mobiltelefone, Schreien nützte nichts – wer hätte es hören sollen? Bevor das Wasser noch weiter stieg und uns den Rückweg komplett abschnitt, beschloss ich, Nicky auf die Schultern zu nehmen und zu Fuß so schnell wie möglich auf den sicheren Strand zu wandern. Inzwischen war mein Freund Seppel, der ebenfalls einen Willys Jeep hatte, auf der Insel angekommen. Wir waren locker verabredet gewesen und er suchte mich schon seit einiger Zeit. Da wir öfter zusammen hier in die Blitzelbucht gefahren waren, kam er auf die Idee, mich auch hier zu suchen. Ein Glück. Er fuhr mir im Wasser entgegen. Schnell erzählte ich, was passiert war, und er beschloss spontan, meinen Wagen rauszuziehen. Ich setzte Nicky auf den Jeep von Seppel, nahm das Abschleppseil und watete durch das hüfthohe Wasser zurück zu meinem Auto. Die Sitze und die Windschutzscheibe waren noch zu sehen, alles andere stand bereits unter Wasser. Nun aber schnell. Ich kann nicht schwimmen und tauchen schon gar nicht, also musste Mike, der Buchhändler, ran – auch

er war auf der Suche nach mir in die Blitzelbucht gekommen. Festgemacht und abgezogen. Rückwärtsgang rein und langsam Gas geben. Nichts, weder der eine noch der andere Wagen rührte sich auch nur zentimeterweise vom Fleck. Jetzt mussten wir versuchen, zu schieben, bis zur Brust im Wasser. Trotz Aufbietung aller Kräfte erreichten wir nichts. Jetzt stand auch Seppels Jeep bereits fast ganz unter Wasser und die Flut stieg immer noch. Ich wurde mutlos, nahm meinen Sohn wieder auf die Schultern und wusste nicht, was ich noch tun konnte. In Gedanken schloss ich schon mit meinem schönen Wagen ab. Das ganze Auto völlig unter aggressivem Salzwasser, der Motor abgesoffen und die Flut würde noch Stunden dauern. Wahrscheinlich war es am besten, ich vergaß den Wagen einfach. Totalschaden!
Nicht so mein Freund Mike. Zielstrebig ging er zu einem in der Nähe arbeitenden Gartenbauer. Der war gerade dabei, mit seinem alten Unimog eine Feldsteinmauer zu errichten, und hatte schweres Gerät dabei. Mike konnte ihn überreden zu kommen. Mit einer 250 Meter langen Stahltrosse hechtete er in die Nordsee und kämpfte sich zum hinteren Jeep durch. Mehrmals musste er tauchen, bis er sie am Wagen befestigen konnte. Das auflaufende Wasser war schnell und hatte entsprechend Strömung – nicht ganz ungefährlich! Schnaufend und prustend tauchte er wieder auf und gab ein Zeichen. Der Gartenbauer setzte die Seilwinde in Gang und tatsächlich: langsam rührte sich etwas, das erste Auto tauchte wieder auf und dann nach kurzer Zeit auch der zweite Jeep. Das Abschleppseil hatte also gehalten.
Diese ganze Aktion hatte natürlich einige

Im letzten Moment klappt es, ein Stahlseil an dem fast versunkenen Willys Jeep zu befestigen.

Zeit in Anspruch genommen und Journalisten auf Promijagd, die sich auf der Insel befanden, hatten Wind davon bekommen. Auch eine Menge Volk hatte sich versammelt. Schadenfroh oder mitfühlend standen die Zaungäste herum und fotografierten und kommentierten das Geschehen. Nach einer halben Stunde standen beide Wagen wieder auf sicherem Strand und unser Retter zog uns noch zur einzigen Tankstelle in List. Ich hatte von der Hitze und dem gesamten Geschehen Kopfschmerzen. Aber trotzdem machte ich mich sofort daran, meinen Wagen mit Süßwasser zu spülen, die Batterie zu erneuern und alle Öle und Flüssigkeiten zu tauschen. Sorgfältig versuchte ich, den schönen Jeep wieder fahrtüchtig zu machen. Am nächsten Tag sprang der Wagen auch tatsächlich wieder an. Er lebte später noch lange bei einem Bekannten, ohne nennenswerte Rostschäden zu bekommen. Anders der Jeep von meinem Freund Seppel. In seinem Brausebrand hatte er absolut keine Lust, irgendwelche Säuberungsarbeiten durchzuführen. Er gab den kurzen Auftrag „Soll wieder fahren" an eine Werkstatt. Den Sommer über fuhr er noch manchmal mit dem Wagen, aber da das Salzwasser ganze Arbeit leistete, musste er den Wagen nach dem Winter verschrotten.

Ende gut, ein Auto gut, eines innerhalb kurzer Zeit vom Rost zerfressen

Söhne Nippons

Das Jahr 1978 hatte sehr schön begonnen, am 2. Januar feierte die Staatsoper in Hamburg ihr dreihundertjähriges Bestehen und ich hatte das Glück, Karten für eine Verdi-Oper als Weihnachtsgeschenk zu erhalten. Im Februar lernte ich Britta kennen, meine spätere zweite Frau. Als Tochter einer Autohändlerfamilie, VW und Audi in Mölln, kannte sie das Geschäft sehr gut und begleitete mich ab jetzt öfter zu Käufern und Lieferanten.
Ein ereignisreiches Jahr mit neuen Kunden und neuen Geschäftsfeldern stand bevor. Einige Veränderungen ergaben sich durch politische Umbrüche innerhalb der Europäischen Gemeinschaft: Großbritannien, Irland und Dänemark wurden Vollmitglieder der EU, andere Veränderungen ergaben sich durch die veränderten Wechselkurse zum US-Dollar und zum japanischen Yen.
Viele Jahre war mir Yoshio U. erst ein treuer Kunde und dann ein Freund geworden. Er lebte, wie die meisten Japaner, die damals in Europa Geschäfte machten, in Düsseldorf, hatte exzellente Kontakte in die Heimat und vermittelte Geschäfte aller Art von und nach Japan. Viele Jahre hatten wir zusammen Ferrari Dino, BMW 2002 Turbo, Mini Cooper und Porsche nach Japan exportiert, aber dieses Geschäft kam ins Stocken und hörte Anfang 1978 fast ganz auf. Die Japaner begannen nun selbst, Autos in nennenswerten Stückzahlen zu produzieren. Toyota, Honda und Mitsubishi bauten alltagstaugliche, designerisch allerdings für den europäischen Geschmack gewöhnungsbedürftige Fahrzeuge und drängten damit auch auf den europäischen Markt. Es lohnte sich also nicht mehr, normale zeitgenössische Fahrzeuge nach Japan zu transportieren und dort auf die Gegebenheiten umzubauen – man muss bedenken, dass in Japan Linksverkehr wie auf der britischen Insel gilt. Damit wir eine neue gemeinsame

Strategie besprechen konnten, bat mich Yoshio, nach Düsseldorf zu kommen.

Frühmorgens im März fuhren Britta und ich in Hamburg los und machten das Radio an. Der heiße Herbst 1977 steckte allen noch in den Gliedern. Die Verurteilung der Anführer der Rote Armee Fraktion, Gudrun Ensslin, Andreas Baader und Jan Carl Raspe, war erfolgt. Während der Prozesszeit reagierte der Staat extrem nervös. Und als im Herbst 1977 erst Hanns Martin Schleyer, der Arbeitgeberpräsident, entführt und später ermordet wurde, dann die gekidnappte Lufthansa-Maschine „Landshut" ihren Irrweg durch arabische und afrikanische Staaten antrat, um dann von der GSG 9, einer Sondertruppe zur Terrorbekämpfung, in Mogadischu gestürmt zu werden, beruhigte sich die Lage erst nach dem Selbstmord der drei inhaftierten Terroristen scheinbar wieder. Diese Zeit brachte für alle Bundesbürger viele Polizeikontrollen auf den Straßen und andere Einschränkungen mit sich. Ich wollte gut vorbereitet und ausgeruht in Düsseldorf ankommen, doch da kam die Nachricht: Aldo Moro, der frühere italienische Ministerpräsident, war von den Brigate Rosse entführt worden. Die Hoffnung, dass der Terrorismus bedeutungsloser würde, hatte sich nicht erfüllt. Würde dies einen Einfluss haben auf das tägliche Leben und würde daraus eventuell ein misstrauischer Überwachungsstaat entstehen? Eigentlich war ich mit der Arbeit des Bundeskanzlers Helmut Schmidt (1974 bis 1982) immer sehr zufrieden gewesen, aber hier schien eine neue Bedrohung für ganz Europa zu erwachsen.

In Düsseldorf fuhren wir runter ans Rheinufer, wo Yoshio eine wunderschöne, riesengroße Altbauwohnung mit Blick auf den Rhein bewohnte. Wir klingelten und erhielten die Aufforderung, hereinzukommen, da die Tür offen sei. Langsam schritt ich durch den Flur ins Wohnzimmer, niemand zu sehen, weiter in den angrenzenden Raum. Wo war er denn? Wenige Designermöbel standen auf dem schönen Parkettboden, Kalligrafien an der Wand, keine Dekoration, nichts Überflüssiges. Im Durchgangszimmer war auch niemand. Ich rief und er antwortete direkt hinter mir. Ich drehte mich um, merkwürdig! Jetzt erst realisierte ich, dass in Augenhöhe Füße an der Wand lehnten: Er machte gerade seine Entspannungsübungen und blieb auch in dieser Kopfüberhaltung, während wir die höflichen Begrüßungsformeln austauschten. Wir sprachen noch ein bisschen über die aktuellen Geschäfte und die Bedrohungslage durch den internationalen Terrorismus, bis er seine Yogaübungen beendet hatte. Jetzt gab es Tee. Die Zeremonie nahm einige Zeit in Anspruch und dann musste Yoshio uns unbedingt seine kostspielige Neuerwerbung eines Plattenspielers zu Gehör bringen.

Ein Mercedes 111er-Cabriolet in perfektem Zustand

Während der 20 Minuten, in denen sich der Plattenspieler zum richtigen Gleichlauf warmlief, erzählte Yoshio, dass die beiden anderen vorhandenen Exemplare dieses Plattenspielermodells im „Studio 54" Dienst täten. Das Studio 54 war ein riesiger, angesagter Prominenten-Nachtclub in New York, er bot 500 Menschen Platz auf der Tanzfläche und darüber hing das beste Soundsystem seiner Zeit, um das richtige Saturday-Night-Fever zu erzeugen. So einen Plattenspieler besaß Yoshio, um damit deutsche Klassik zu hören. Nachdem wir Beethoven genossen hatten, kamen wir zum eigentlichen Zweck unseres Besuches.

Ich liebte die Mercedeswagen der frühen 70er-Jahre, die herrlichen 111-Coupés und Cabriolets, die hübschen kleinen SL-Sportwagen der 113er Baureihe. Diese hatte Yoshio bei mir gesehen und war sich sicher, dass er für schöne Exemplare japanische Kunden finden könnte.

Wir besprachen den Besuch von Herrn N., der im Mai nach Deutschland kommen wollte. Da er kein Deutsch sprach, würde Yoshio anwesend sein und für den richtigen Informationsfluss sorgen. Herr N. hatte einen straffen Zeitplan für seinen ersten Europabesuch. Da durfte nichts schiefgehen. Hotel, Transfer, Essen, alles sollte nach Wunsch geschehen. Apropos Essen: Der Tag neigte sich schon wieder dem Ende zu und Yoshio lud uns ins „Daitokai", ein authentisches, japanisches Restaurant, ein. Schuhe aus und im Schneidersitz an den Teppan-Yaki (heißer Tisch). Mit artistischen Einlagen zauberte der Koch auf der Stahlplatte wunderbare Fleisch- und Gemüsegerichte auf unsere Teller. Wie schön, dass unsere angenehme Geschäftsbeziehung weitergehen konnte. Auf der Rückfahrt hörten wir im Radio von einer Ölpest vor der bretonischen Küste. Die „Amoco Cadiz" (BP, USA) verlor 223.000 Liter Rohöl und löste eine gigantische Umweltkatastrophe in Frankreich aus.

Ein wunderschönes Mercedes 300 S Coupé

Am Flughafen Hamburg erwarteten Yoshio, Britta und ich Herrn N. Er kam nicht allein, sondern hatte drei ausgesprochen attraktive, junge Damen, einen Kofferträger und einen Leibwächter dabei. Zwei der jungen Damen fuhren direkt ins Hotel, sie waren die Dolmetscherinnen für Englisch und Französisch und wurden jetzt nicht benötigt, es blieb nur die Deutsch-Dolmetscherin bei uns – ob Herr N. Yoshio nicht traute? Wir quetschten uns alle in unseren Geländewagen und fuhren durch den dichten Verkehr zum Mittelweg. Unterwegs schliefen alle Japaner ein. Stop-and-go, aber nach einer Dreiviertelstunde waren alle wieder putzmunter und freuten sich über die herrlichen Fahrzeuge, die wir zusammengestellt hatten. Ohne lange zu zögern oder zu prüfen, entschied sich Mr. N., mehrere Mercedes 280 SE 3,5 Coupés und Cabriolets zu kaufen. Die Formalitäten konnten später folgen, das würde dann Yoshio machen, aber das Geld wollte er gern gleich bezahlen. Wir hatten nichts dagegen. Sein Kofferträger kam ins Spiel und zählte die Summe ab. So problemlos hatte ich noch nie sechs teure Wagen gleichzeitig verkauft. Mit vielen Verbeugungen und freundlichen Worten in beiden Sprachen verabschiedeten wir uns voneinander.

Yoshio erzählte uns später, dass Herr N. der größte freie, inhabergeführte Mercedeshändler in der Millionenmetropole Tokio sei; die Mercedesniederlassung in Hamburg sei eher bescheiden gegen sein Imperium. Merkwürdig nur, dass seine jeweiligen Begleiter immer ein Fingerglied vermissen ließen. Mr. N. ließ uns später eine neue Bestellung für ganz besondere Modelle übermitteln, die er bei seinem nächsten Besuch im Sommer zu kaufen wünschte. Nichts lieber als das. So konnten wir uns genau auf das Bestellte konzentrieren und einigermaßen sicher sein, dass, vorausgesetzt die Wagen waren in sehr gutem Zustand, wir ein gutes Geschäft machen würden.

Eine merkwürdige Mischung von amerikanischen und britischen Sportwagen sowie besonderen Mercedesmodellen befand sich in unserem Besitz, als Mr. N. ein zweites Mal in Hamburg eintraf. Neue Dolmetscherinnen, neuer Kofferträger, aber alter Leibwächter. Wie im Rausch begeisterte er sich für den Jaguar E-Type, für die Corvette, den Austin Healey 3 Liter, den Aston Martin DB 6 und zwei weitere Amerikaner. Er lief wie ein aufgeregtes Kind durch den Laden und die Garage und erfreute sich an den wirklich außergewöhnlichen Modellen, schaute überall hinein, öffnete Klappen und Fächer, streichelte die Kotflügel und saß mit geschlossenen Augen träumend auf den Ledersitzen. Wunderbar, denn diese Modelle waren einerseits schwierig zu bekommen, andererseits war es aber auch sehr schwierig, dafür einen Käufer zu finden. Die Kontrakte sollten wir wieder mit Yoshio machen, der würde sich dann auch um die Bezahlung kümmern – eine Anzahlung: Leider nein, da er diesmal nicht so viel Bargeld aus Japan mitbringen durfte. Aber Yoshio würde es schon regeln.

Nicht so gut, aber in Anbetracht der abgesprochenen Preise auch noch akzeptabel. Herr N. verabschiedete sich von uns wie ein alter Freund und brauste von dannen. Wir schickten also die Verträge nach Düsseldorf und bereiteten alles für den Export vor. Aber dann hörten Yoshio und wir monatelang nichts von Herrn N.

Im September waren wir des Wartens wirklich überdrüssig und fuhren nach Düsseldorf, um mit Yoshio zu besprechen, was nun geschehen sollte. Im Radio hörten wir vom Todesurteil gegen den ehemaligen pakistanischen Ministerpräsidenten: Zulfikar Ali Bhutto. In Teheran kam es zu gewalttätigen Demonstrationen gegen den Schah Mohammad Reza Pahlavi, 64 Demonstranten fanden den Tod und der 8. September 1978 ging als Schwarzer Freitag in die Geschichte Irans ein. Der gebürtige Kroate mit dem italienischen Namen und der US-amerikanischen Staatsbürgerschaft, Mario Andretti, gewann die Formel 1, das VW-Werk hatte als erster ausländischer Automobilproduzent ein Werk in Westmoreland (Pennsylvania), USA zur Montage des Rabbit (Golf) eröffnet. Anschließend hörten wir „Equinoxe" von Jean Michel Jarre, eine völlig neuartige Musik, die alle Musikliebhaber begeisterte. Zusammen mit Yoshio entschieden wir, nicht länger zu warten und die Fahrzeuge anderweitig zu verkaufen.

Auch er selbst war ausgesprochen enttäuscht über dieses für einen Japaner völlig untypische Verhalten. Normalerweise beißt ein Japaner eher die Zähne zusammen und steht zu seinem Wort, als einen derartigen Gesichtsverlust zu erleiden. Unzuverlässig und nicht vertrauenswürdig zu sein, ist ein schlimmes Urteil für einen japanischen Geschäftsmann. Aber das Drei-Päpste-Jahr 1978 hält noch eine Überraschung für uns bereit. Drei-Päpste-Jahr? Nachdem der Papst im

Sommer verstorben war, wurde Johannes Paul I. am 26. August zum Papst gewählt, er starb nach 33 Tagen und sein Nachfolger wurde der Pole Karol Wojtyla, der als Johannes Paul II. viele Jahre den Katholiken als geistiges Oberhaupt dienen würde. In Polen kündigte sich eine Veränderung im kommunistischen Block an. Alte stalinistische Strukturen brachen auf. Im Dezember dann der Untergang der MS München, nördlich der Azoren sank das Riesenschiff, vermutlich durch eine Monsterwelle in den Abgrund gerissen. Menachim Begin und Anwar al Sadat erhielten den Friedensnobelpreis.

Und es fing an zu schneien – da kündigte sich Herr N. aus Tokio an. Im dichten Schneegestöber fuhr er vor, Dolmetscherin, Kofferträger, Leibwächter, alles wie gehabt. Wir nahmen ihn zwar wahr, kümmerten uns aber nicht weiter um ihn und sein Gefolge. Zögernd kam die Dolmetscherin die Treppen zum Büro hoch und wollte zu verschiedenen ausgestellten Fahrzeugen einige Daten wissen. Sie ging wieder herunter und besprach sich mit Herrn N. Wir blieben schön in unserem warmen Büro sitzen, telefonierten und waren anderweitig beschäftigt.

In mir kochte die Wut hoch, wir hatten inzwischen zwar die meisten der im Sommer bestellten Fahrzeuge verkaufen können, aber natürlich zu ganz anderen Preisen als ursprünglich kalkuliert. Das würde mir nicht wieder passieren.
Schließlich entschloss sich Herr N., selbst die Treppe heraufzukommen. Da ich gerade sehr angeregt telefonierte, blieb er abwartend vor meinem Schreibtisch stehen. Da streckte ich, ohne ihn weiter anzublicken, einfach nur die offene Hand aus, offenbar eine universell funktionierende Geste, dann plötzlich lachte der strenge Japaner, winkte seinen Kofferträger herbei und legt mir säuberlich zehn Tausendmarkscheine auf die Hand. Gut so! Es konnte also wieder losgehen. Ich beendete mein Telefonat und wandte mich freundlich um. Was wollen wir diesmal für Geschäfte machen? Nachdem wir fünf sehr schöne Fahrzeuge ausgesucht hatten, erhielten wir eine hohe

Unser Haus im spanischen Stil in Mölln am Elbe-Trave-Kanal

Anzahlung und er bat darum, bei uns zu Hause eine Tasse Tee trinken zu dürfen.
Die Dolmetscherin hatte erzählt, welche Rituale und Bräuche wir in Deutschland zu Weihnachten haben, und das wollte er gern einmal sehen. Wir rutschten also durch den Schnee nach Mölln, wo wir direkt am Elbe-Trave-Kanal ein schönes Haus hatten. Britta servierte Stollen und Plätzchen und Herr N. und seine Begleiter freuten sich über den bereits geschmückten Tannenbaum und die weihnachtliche Dekoration im ganzen Haus. Zum Abschluss des guten Geschäftes und zur Festigung der Verbindung wollte er uns nun noch in ein typisch deutsches Restaurant einladen. Wir wählten das „Randel" in Hamburg, ein schönes altes Traditionslokal (leider im Okt. 2013 geschlossen). Wir mussten unsere Gäste ja sowieso wieder nach Hamburg ins Hotel bringen. Kaum im Auto, schliefen alle wieder wie auf Kommando ein. Es hörte nicht auf zu schneien und die sonst einstündige Fahrt weitete sich auf drei Stunden aus. Gut, dass wir einen großen Geländewagen mit Allradantrieb hatten.
Das altehrwürdige Restaurant „Randel" an der Poppenbüttler Landstraße, seit 1840 in Familienbesitz, hatte uns einen Clubraum reserviert. Ente mit Rotkohl, Klößen und viel schmackhafter Soße – deutscher ging es wohl nicht! Aufmerksame Kellner mit schwarzen Jacken und langen weißen Schürzen servierten. Die Konversation war etwas schwierig, aber das gute Essen erzeugte schnell eine behagliche Atmosphäre. Zum Zeichen, dass es allen wirklich geschmeckt hatte, warf Herr N. einige abgenagte Entenknochen in die Ecke und spuckte zur Bekräftigung herzhaft auf den gemusterten Teppichboden. Genau so hatte er sich Deutschland in der Weihnachtszeit vorgestellt!

Darf es ein Ferrari sein?

Mitte 1979 rief mich ein Mann aus Saarlouis an und bot einen historischen Ferrari zum Verkauf an. Typ SF 500, gehört hatte ich von diesem Typ schon, aber gesehen hatte ich ihn noch nicht. Ich fragte also einige Ferrari-Fachleute, aber allen ging es wie mir, niemand konnte Auskunft über diesen Wagen erteilen. Hieß das nun, dass das Modell ganz uninteressant war, oder hieß es, dass der Wagen einfach nur sehr selten war?

Heutzutage findet man das ganz schnell heraus, man googelt im Internet und hat nach wenigen Klicks jede gewünschte Information. Damals bedurfte es guter Kontakte und der richtigen Telefonnummern, um Folgendes in Erfahrung zu bringen: Der Ferrari SF 500 (SF ist einfach die Abkürzung für Superfast) war 1964 auf dem Genfer Autosalon vorgestellt worden und die Gesamtproduktion von 28 links gelenkten und 8 rechts gelenkten Fahrzeugen war am ersten Tag ausverkauft. Illustre Kunden zierten die Käuferliste, der König von Marokko, Ingrid Bergman und andere damals bekannte Persönlichkeiten erwarben das Auto vom Fleck weg. Es gab ihn nur in der Straßenversion als V12 Coupé mit 4.963 ccm und 400 PS. Als Höchstgeschwindigkeit waren 280 km/h angegeben – damals eine enorme Geschwindigkeit. Mir war jetzt klar, dieses Auto musste ich sofort kaufen.

Ich sauste los nach Saarlouis, vermutlich hatte der Mann ja auch noch andere Firmen in Deutschland angerufen, und jetzt hieß es schnell sein. Die alte Garnisonsstadt an der Schnittstelle nach Frankreich mit wechselhafter Geschichte, gegründet und mit Namen versehen von Ludwig XIV., dem Sonnenkönig Frankreichs, hatte schon bessere Zeiten gesehen. Vorbei an Industriebrachen, leeren Stahlfabriken und geschlossenen Bergwerken fuhr ich abends in die Stadt hinein. Hotelsuche, einige Telefonate und die Verabredung für den nächsten Tag

stand. Zum Glück hatte sich noch kein potenzieller Käufer eingefunden. Seit 1968 gab es ein Ford-Werk in der Stadt, welches 1970 die Produktion des „Escort" aufgenommen hatte. So schien es doch wieder einen langsamen Aufschwung zu geben und mein erster Eindruck der Gegend wurde bei genauerem Hinsehen etwas revidiert. Das Essen in herrlich französischer Tradition ließ mich erwartungsvoll dem morgigen Tag entgegenschlummern.

Ein kleiner, aufgeregter Firmenchef empfing mich kühl. Es sollte alles ganz schnell gehen – bloß kein Aufsehen, keine langen Prüfungen und schon gar keine Probefahrt! Ob ich nicht doch besser die Finger davonlassen sollte? Auf dem großen, geschäftigen Firmengelände fuhr ein hellblaumetallicfarbiger Neuwagen aus der Chefgarage. Strahlende Sonne, ein missgelaunter Firmenchef als harter Verhandler und dieses tolle Auto ließen mich ein wenig die Sorgfalt vergessen. Es gab keine Möglichkeit, den Wagen hochzunehmen, und auch Probefahren ging nur nach erheblichem Drängen meinerseits auf dem firmeneigenen Gelände. Der Wagen war schon abgemeldet. Die Höchstgeschwindigkeit konnte ich so natürlich nicht prüfen.

Der Ferrari SF = Super Fast 500 mit der kleinen Lackstelle am linken Kotflügel

Und nun passierte das, was dem Firmenchef sichtlich peinlich war. Ein lauter Motorensound lockte die Mitarbeiter an die Fenster, und zufällig hatten mit einem Mal alle draußen etwas Wichtiges zu tun. Vermutet hatten sie immer schon, dass sich in dieser Garage etwas Tolles befand, aber jetzt sahen sie zum ersten Mal erstaunt, was für ein Bolide dort die ganzen Jahre tatsächlich verborgen gewesen war. Dem Chef war es höchst unangenehm, genau dies hatte er verhindern

wollen. Vor dem Hintergrund von Lohnkürzungen und Entlassungen stand er nun einigermaßen blamiert da. Ich fuhr den Wagen schnell wieder in die Garage und wir gingen in sein Büro. Ich akzeptierte den hohen Kaufpreis, da ich mir der Einmaligkeit des Fahrzeuges bewusst war.
So viel Geld hatte ich nie bei mir und eigentlich hatte ich auch gar nicht mit einer so hohen Summe gerechnet. Aber ich vertraute auf mein Gespür und auf den Superfast. Einen Scheck wollte der Chef nicht akzeptieren. So ließ ich durch meine Bank den Restbetrag anweisen. Gegen Legitimation konnte ich am darauf folgenden Nachmittag den Betrag in bar von einer Bank in Saarlouis abholen.
Den freien Tag nutzte ich, um ein wenig im Saarland herumzufahren. In den Südwesten der Bundesrepublik kam ich nicht oft. Angrenzend an Frankreich und Luxemburg, ist es das wärmste Bundesland und hat eine wechselhafte Geschichte. Das Saarland wurde als politische Einheit erst 1920 infolge des Versailler Vertrages gebildet. Nachdem es 15 Jahre dem Völkerbund unterstellt war, kehrte es 1935 „per Volksabstimmung heim ins Deutsche Reich". Nach dem Zweiten Weltkrieg, erst unter französischem Protektorat, trat es 1957 als 10. Bundesland der Bundesrepublik Deutschland bei. Recht, Wirtschaft, Gesellschaft und Politik wurden an das politische System der Bundesrepublik angepasst und die Infrastruktur wurde ausgebaut. Seit Mitte der Sechzigerjahre setzte eine strukturelle Krise der Montanindustrie ein, des traditionellen Rückgrats der saarländischen Wirtschaft. Stahlkocher und Bergwerke, das waren die großen Arbeitgeber der Region. Die Stahlkrise erreichte Ende der 70er-, Anfang der 80er-Jahre einen ersten Höhepunkt und es wurden sozialverträgliche Restrukturierungsprogramme eingeleitet. Das kostete natürlich alles viel Geld und der Bund gewährte dem Saarland 1995 eine Teilentschuldung. Heute ist der bedeutendste wirtschaftliche Bereich die Automobil- (siehe Ford in Saarlouis) und die Automobil-Zulieferer-Industrie (Bosch, INA und Michelin in Homburg, ZF Getriebe in Saarbrücken) und jeder PC-Nutzer kennt die Firma SAP AG in St. Ingbert.

Damals sah es also noch ganz anders dort aus, eher rückständig und eng als fortschrittlich und weltoffen. Trotzdem genoss ich den Tag und schaute mir die Autoläden in Saarbrücken und Saarlouis genau an. Es gab immer noch enge Verbindungen nach Frankreich, aber ein grenzübergreifender, bedeutender Autohandel fand nicht statt. Europa war noch lange nicht zusammengewachsen und komplizierte Gesetze verhinderten einen Austausch auf diesem Gebiet. Ich ließ meinen Geländewagen mit Trailer nach Saarlouis kommen und bereitete alles für einen sicheren Transport vor. Jetzt beim Aufladen und bei genauerer Betrachtung stellte ich einen Lackschaden am Vorderwagen fest, die Bremsen hatten eine Macke und bei einigen Schaltern am Armaturenbrett erschloss sich mir der Sinn nicht, jedenfalls war keine Wirkung zu bemerken. Aber der Wagen hatte nur insgesamt 20.000 Kilometer gelaufen und machte sonst einen sehr guten Gesamteindruck.
Ferrari, schon der Klang dieses Namens ist Legende. Enzo Ferrari wurde am 18. Februar 1898 in einem Bergdorf der Region Emilia Romagna nahe Modena in Norditalien als Sohn einer Bauernfamilie geboren. Außer der Bauernstelle besaß der Vater eine kleine Schmiede – und später auch eine Schlosserwerkstatt. Enzo beendete 1914 die Schule, ging bei seinem Vater in die Lehre und nutzte fortan die Schlosserei als Automobilwerkstatt. Regionale Autorennen weckten die Leidenschaft für den Motorsport, und er bewarb sich 1919 als Werksfahrer bei Fiat in Turin. Er wurde nicht genommen und entschloss sich, als Privatfahrer an den Rennen teilzunehmen. Enzo gründete den Rennstall „Scuderia Ferrari" mit dem Emblem des „cavallino rampante", des aufsteigenden Pferdes. Den Hintergrund des schwarzen Pferdes bildet die gelbe Wappenfarbe von Modena und als nationales Kennzeichen wurden die italienischen Landesfarben eingefügt. Zusammen mit Alfa baute Ferrari sehr erfolgreich Rennautos nach eigenen Plänen. Ab Mitte der Dreißigerjahre begann für Ferrari-Alfa eine schwere Zeit, inzwischen beherrschten die Silberpfeile aus Deutschland die Rennszene und kleine Ingenieurschmieden konnten mit dem hohen Entwicklungsbudget der großen Konkurrenten nicht

mithalten. Man zog die Konsequenzen und Alfa und Ferrari trennten sich. Für Enzo Ferrari war dies eine Katastrophe, denn er musste sämtliche Fahrzeuge, Technik und Equipment abgeben. Er startete praktisch wieder bei Null. Jetzt sollte alles nur noch in Eigenregie passieren, ohne Partner wollte er erfolgreich Rennen fahren. Eine denkbar schlechte Zeit dafür, Italien befand sich mitten im Zweiten Weltkrieg, weder Investoren noch Zuschauer interessierten sich für Motorsport. Dies bedeutete, dass er zukünftig auch das Team selbst stellen musste, den Motor selbst entwickeln und das Auto selbst konstruieren. Das ist bis heute so geblieben: Ferrari ist der einzige Rennstall in der Formel 1, der mit Rennautos antritt, die komplett im eigenen Werk entwickelt und gebaut werden.
1946 ging es langsam wieder los und 1950 gewann Guiseppe Farina auf Alfa erstmals die neu gegründete Formel 1 und wurde Weltmeister, Ferrari gewann die legendäre Mille Miglia. In den folgenden Jahren stellten sich mit den Fahrern Juan Manuel Fangio, Mike Hawthorn, Phil Hill und Niki Lauda die großen Erfolge ein. Dies nutze Ferrari geschickt, um nun Straßensportwagen anzubieten, die Entwicklung der ersten GTs und GTOs wurde zum Synonym für Sportwagen. Binnen weniger Jahre entwickelte sich die Marke zu einem weltweiten Verkaufsschlager. Insbesondere auf dem wichtigen, großen amerikanischen Markt fanden die exklusiven, schnellen Wagen reißenden Absatz. Ferrari wurde reich. 1985 verkaufte Enzo Ferrari aus Altersgründen seine Mehrheitsbeteiligung an Fiat und machte damit den Weg frei für Tabakwerbung auf den Rennautos. Das hatte es bisher nicht gegeben. „Ein Ferrari raucht nicht!", war Enzos Argument gewesen.
Mein SF 500 rauchte leider doch ein bisschen. In Hamburg angekommen, brachte ich ihn zur Durchsicht zu einem renommierten Ferrari-Fachmann. Alles höchst kompliziert, bestimmte Dinge kann man nur im warmen Zustand einstellen, andere kann man nur im kalten Zustand messen. So sehr ich die italienische Lebensart, das schöne Essen und das Land liebe, die Autos sind kapriziös. Außerdem musste ich immer wieder auf die Lackstelle schauen, sie störte mich maßlos. Leider ist aber auch

Vor dem Ladengeschäft am Mittelweg 46, Anfang der 1980er-Jahre

der Farbton nicht einfach aus der Dose zu haben und der Lackiermeister riet mir vom Nachlackieren ab, das würde es nicht besser machen. Also nicht lackieren. Die Elektrik mit den nicht funktionierenden Schaltern war ebenfalls eine Herausforderung. Nach langen Tüfteleien und dem Konsultieren mehrerer Spezialisten bekamen wir dieses Problem aber in den Griff.

Jetzt sollte einem erfolgreichen Verkauf nichts mehr im Wege stehen! Schöne Bildanzeigen in der „Auto, Motor und Sport", in einem schweizerischen Autoklassik-Magazin und in den gängigen überregionalen Zeitungen Deutschlands wurden geschaltet, Besuche von Messen und Ausstellungen organisiert und an den Wochenenden durchgeführt. Es war wie verhext, niemand interessierte sich für dieses Einzelstück. Bei einem Messebesuch außerhalb Hamburgs führte ich den Wagen einem geneigten Scirocco-Fahrer vor und pries den besonderen Zustand. Dummerweise kam ich dabei mit der Hand unter dem Kotflügel an eine Stelle, die in einem ganz besonderen Zustand war. Sie bröselte vor sich hin, Flugrost hatte sich gebildet, die Karosserie

hatte ihre Tücken. So viel Geld lag schon seit geraumer Zeit brach und jetzt fing das Ding auch noch an zu rosten! Der Traum vom großen Gewinn war für mich ausgeträumt, ich wollte den Superfast einfach nur noch loswerden.

Diesen ganzen Frust erzählte ich einem alten Bekannten. Ich berichtete ihm in allen Details von den Schwierigkeiten, die ich bis jetzt gehabt hatte, und erklärte zum Schluss, ich würde das Auto zum Einstandspreis von 50.000 DM abgeben. Ich könne es einfach nicht mehr sehen. Es war ausgesprochen und er sagte sofort: „Ja, zu dem Preis kaufe ich den Wagen." Warum trägt man nur sein Herz manchmal zur falschen Zeit auf der Zunge? Bestimmt hätte er auch mehr bezahlt. Ich Esel –, aber gut, so konnte ich das lange gebundene Geld wenigstens anders einsetzen. Jürgen S.-H., neuer, glücklicher Besitzer des Ferrari SF 500 Superfast, schaltete eine Kleinanzeige in einem Käseblatt in Lugano, Schweiz, und verkaufte den Wagen innerhalb von vier Wochen zum doppelten Preis. Ich war sprachlos.

Enzo Ferrari starb am 14. August 1988 in Modena, nur wenige Wochen nachdem er die Kontrolle über die Scuderia Ferrari endgültig abgegeben hatte. Es entstand eine merkwürdige Euphorie und die noch vorhandenen Modelle von Enzo Ferrari, von ihm selbst, dem großen Autobauer gestaltet, erlebten einen enormen Preisanstieg. Japaner, Amerikaner und Italiener wollten sich noch ein echtes Stück sichern. Neuwagen erzielten Überpreise. Die Kenner glaubten nicht an ein weiteres erfolgreiches Bestehen der Firma. Ohne Enzo kein Ferrari.

Im Frühjahr 1989 besuchte uns Axel, ein Freund, der in Nizza lebte. Axel wusste nichts von meiner Abneigung gegenüber der Marke Ferrari. Er erzählte nichtsahnend von der letzten großen Autoauktion, welche durch ein bekanntes englisches Versteigerungshaus in Monaco stattgefunden hatte. Er hatte auch gleich den Ausstellungskatalog zur Hand und berichtete besonders begeistert von dem irrsinnigen, einmaligen Ferrari, der dort verkauft worden war. Ein blaumetallicfarbener 500 Superfast mit einer Lackstelle am Vorderwagen. Der Verkaufspreis lag im siebenstelligen Dollarbereich.

Jaguar im heißen Wüstensand

Winter 1981, kurz vor Weihnachten wurde es empfindlich kalt. Auf den stimmungsvollen Weihnachtsmärkten wärmten sich die Besucher mit Punsch und heißen Waffeln. Zwischendurch gab es immer mal wieder Tage mit Regen und 0 °C. Typisches norddeutsches Schmuddelwetter. Da rief ein in Hamburg lebender Saudi im Büro an. Herr Z. machte umfangreiche Vermittlungsgeschäfte aller Art mit Klienten aus dem arabischen Raum. Seine Kunden kamen überwiegend aus

den gerade gegründeten Vereinigten Arabischen Emiraten und aus Saudi-Arabien. Für seine Besucher hatte er sich einen kleinen, morgenländischen Palast mitten in Altona eingerichtet. Im Hauptsaal waren an den Wänden ringsum bequeme breite und lange Sitzbänke angebracht. Viele bunte Kissen, Wandbehänge, Teppiche und Mosaik-

tischchen versetzten den Besucher nach Arabien. Mitten im Raum stand ein großer Tisch, hier wurde von einem speziellen Diener Tee zelebriert und ein zweiter Diener richtete die Wasserpfeifen her. Herr Z. selbst saß auf einer Art geschnitztem Thron vor einer großen runden Vase. In dem Raum hatten bequem dreißig bis vierzig Personen auf den Ruhebänken Platz, schummeriges Licht erzeugte eine angenehme Zeltatmosphäre, es duftete nach Sandelholz.
Herr Z. war sonst gerne selbst zum Aussuchen und Verhandeln in unser Ladengeschäft am Mittelweg gekommen. Mit viel Zeit und bei guten Gesprächen hatten wir uns kennen- und schätzen gelernt und schon etliche gute, ertragreiche Geschäfte zusammen gemacht. Diesmal aber sollte alles ganz schnell gehen und wir sollten die Autos bei ihm direkt vorstellen und anliefern. Er war sich sicher, dass die bestellten Fahrzeuge gekauft würden. Denn wichtiger, hoher und wohlhabender Besuch war in der Stadt. Die meisten der Delegation waren das erste Mal in Deutschland, zum Teil auch zum ersten Mal überhaupt im Ausland. In diesen hohen Kreisen war man es gewohnt, dass die Objekte der Begierde vom Verkäufer zum Aussuchen zu Hause präsentiert wurden. Erstaunt waren wir aber über den Kaufwunsch: diesmal sollten es bestimmte Modelle der Marke Jaguar sein. Bisher wurden gerne Mercedes und Rolls Royce von den arabischen Kunden gekauft. Ein Jaguar im heißen Wüstensand – konnte das gut gehen? Wir stellten also schnell einige schöne Jaguar-XJ-Modelle zusammen und konnten bereits am nächsten Tag auf eisglatten Straßen durch den dichten Weihnachtsverkehr nach Altona schlittern. Meine Frau, drei Fahrer und ich selbst saßen in diesen gediegenen englischen Nobelfahrzeugen. Dort angekommen, bat ich die Fahrer, in dieser schwierigen Parksituation – in zweiter Reihe auf einer Hauptverkehrsstraße – bei der Jaguarflotte zu bleiben, und betrat mit meiner blonden Frau den Palast des Herrn Z. Wo eben noch ein fröhliches Stimmengewirr zu hören war, herrschte mit einem Mal erstauntes Schweigen. 35 Prinzen aus dem Morgenland in traditioneller Kleidung schauten uns an diesem Wintertag erwartungsvoll und überrascht an. Gemütlich

hingekuschelt, die Beine untergeschlagen, warteten Sie ab, was geschah. Herr Z. meisterte die Situation souverän auf europäische Weise und begrüßte erst meine Frau und dann mich herzlich. Dann stellt er uns die wichtigsten Herren vor, es waren ausschließlich jüngere Männer bis zum Alter von maximal 35 Jahren hier. Man servierte uns stilvoll Tee und wir wurden in die Familienverhältnisse der anwesenden Prinzen aus Kuweit eingeweiht. Man hatte sich zusammengetan, ein Flugzeug gechartert und war auf Einkaufstour. Deutsche Weihnacht in Hamburg, Kälte, Schnee, es war alles sehr aufregend. Und dann noch eine blonde Frau, die einen Jaguar vorfuhr – Führerschein für Frauen? In der arabischen Welt damals noch völlig undenkbar.
Eine Abordnung, wir vermuteten, dass dies die Jaguar-Experten waren, schaute sich draußen im dichten Verkehr die Autos an. Jetzt im Dezember legte sich die Dämmerung früh am Nachmittag über die Stadt. Viel zu sehen war also nicht. Welch sonderbarer Anblick: Auf einer viel befahrenen Straße hielt ein Haufen Jaguars im Feierabendverkehr und Wüstensöhne im Burnus liefen herum, saßen Probe und öffneten neugierig Hauben und Türen. Glücklicherweise mochte keiner eine Probefahrt machen.
Wir diskutierten in der Zwischenzeit drinnen bei Wärme und Tee die Farbkombinationen: dunkelrotmetallic mit beigem Leder – hübsch, dunkelblau mit schwarzem Leder – auch ganz schön, schwarz mit cremefarbenem Leder – wirklich toll, all diese Farbvarianten kamen gut an, aber british racing green – nein, das geht nicht! Grün ist die Farbe des Propheten, aber keine

Autofarbe! Schade, denn zwei Jaguars waren grün, damals die beliebteste Jaguarfarbe überhaupt. Die Begutachtung draußen dauerte nicht sehr lange. Es war ziemlich kalt, außerdem war es inzwischen ganz dunkel geworden und der Schneematsch von den Lastwagen spritzte bis auf den Bürgersteig. Die hübschen weißen Gewänder hatten etwas gelitten. Wir wurden uns langsam einig und endlich erfuhren wir auch das Geheimnis der Vase auf dem großen Tisch: Sie enthielt eine Menge Geldscheine in verschiedenen Währungen.
So ein neuwertiger Jaguar kostete damals zwischen 25.000 und 30.000 DM und wir mussten einen Haufen Geld zählen. Inzwischen wurde von irgendwoher ein großes Mahl aufgetragen. Riesige flache Schüsseln mit Reis, Linsen, Gemüse und Fleisch wurden hereingebracht und eine fröhliche Runde machte sich darüber her. Wir waren ganz herzlich eingeladen, dabei zu sein. Ich hatte schon so viel von den besonderen Köstlichkeiten wie Schafsaugen oder Eselhoden gehört, dass mir etwas mulmig war. Aber es schmeckte vorzüglich. Eine Frage brannte mir schon die ganze Zeit auf der Zunge: Warum sollten es diesmal ausgerechnet Jaguars sein? Sicherlich sehr schöne Autos, aber sie bedürfen immer eines Spezialisten. Herr Z. hatte eine umwerfend einfache Antwort: „Ist Spielzeug, Asphaltstraße ist kurz. Kann nichts passieren. Letztes Jahr noch gefahren Kamel, dieses Jahr fahren Jaguar!"

Neid

Mitte 1981 erhielt ich einen Anruf: „Ich muss hier eine Garage leerbekommen. Da steht noch ein altes Auto drin. Ist das was für Sie?" Auf meine Fragen: „Was für ein Auto, welche Marke oder Baujahr" wusste der Anrufer keine Antwort. Da ich solche Anrufe sehr häufig erhielt und sich dahinter meistens ein alter VW Variant oder ein Ford Capri versteckte, war ich nicht weiter interessiert. Der Anrufer versprach, sich genauer zu informieren, auch wollte er die zeitaufwändige Arbeit auf sich nehmen und in der Garage mal nachschauen, was sich dort eigentlich verbarg. Nach ein paar Tagen rief er wieder an: „Weiß mit Dach dunkel, vermutlich ein Mercedes – mit so komischen runden Kotflügeln." Das klang schon interessanter, außerdem war die Garage in Hamburg-Winterhude am Stadtpark gelegen und ich konnte schnell mal eben dorthin fahren. Wir verabredeten uns, und an einem herrlich sonnigen Sommertag fuhr ich auf den kleinen, gemütlichen Garagenhof.

Rund um einen mit Mosaikgranit bepflasterten Innenhof gruppierten sich ehemalige Remisen, die irgendwann vom Pferde- und Kutschenstall zu Einzelgaragen umgewandelt worden waren. Dunkelgrüner Efeu rankte an den weißen Wänden hoch und alte Reklameschilder aus Blech vervollständigten die Idylle. An diesem Arbeitstag herrschte hier mitten in der geschäftigen Großstadt himmlische Ruhe. Der Verkäufer erschien und peilte zielstrebig ein fast zugewuchertes Holztor an. Offensichtlich war dieses Tor schon jahrelang nicht mehr geöffnet worden. Gemeinsam stemmten wir es einen Spalt weit auf. Unter Kisten, Kästen und altem Krams sah ich auf einen Blick einen Mercedes 170 S Cabriolet, vermutlich Typ A, also ein zweitüriges, zweisitziges Cabriolet aus den 50er-Jahren. Von der Tante mit Haus und Hof geerbt, stand er hier seit zwanzig Jahren warm und trocken. Es war jetzt nicht möglich, genauer zu schauen, aber der Preis war so attraktiv, dass ich mich auf mein Gefühl verließ und per Handschlag den Wagen kaufte. Zum Ausfertigen des schriftlichen Vertrages gingen wir über den Hof in eine verwunschene Gründerzeitvilla. Alles atmete das Lebensgefühl der frühen Jahre des Jahrhunderts, hohe Räume mit wunderschönen Türen, Stuckaturen und Holzeinbauten, bis an die Decken ragende, vornehme Marmorkamine und große, maritime Gemälde an den Wänden.

Irgendwo hatte die Tante doch die Papiere von diesem Wagen aufbewahrt! Obwohl – brauchte ich die eigentlich? – ist doch altes Zeugs und sowieso nicht mehr gültig! Ich ließ mir den Erbschein zeigen und füllte den Kaufvertrag aus. Ich bat noch darum, einmal genau zu suchen und mir die Papiere zukommen zu lassen. Wir verabredeten die Übergabe für den Samstag, da konnte man in diesen engen Wohnstraßen besser mit Geländewagen und Anhänger rangieren, denn ich ging davon aus, dass wir den Wagen auf dem Hänger zum Mittelweg transportieren würden. Wenn er so lange auf einem Fleck gestanden hatte, würde er sicher nicht anspringen.

Am Samstag sahen wir uns wieder, aber diesmal war der idyllische Hof belebt. In den offenen Garagen und auf der freien Fläche des Innenhofes bearbeiteten Mitglieder eines Oldtimerclubs ihre Schätzchen. Die einen putzen liebevoll die Chromteile, andere schraubten an irgendwas herum und einige standen auch nur neben ihren Fahrzeugen in der Sonne und besprachen die nächste gemeinsame Aktion. Ich hatte Batterie und Benzin mitgebracht und mit drei Leuten brachen wir das Tor vollständig auf. Interessiert schauten die Oldtimer-Liebhaber von ihren Tätigkeiten auf. Damit hatte keiner von ihnen gerechnet, dass sich hier hinter dem unscheinbaren Tor noch ein altes Auto befand! Erst einmal räumten wir einen ganzen Anhänger voll mit alten Koffern, Kisten und Kästen weg, bevor wir richtig an den Wagen herankamen. Tatsächlich: Es war ein A-Cabrio; der Lack natürlich nicht mehr glänzend, das Verdeck etwas verschlissen und an einigen Stellen eingerissen, das Leder rot und noch ganz gut, sicherlich die erste Innenausstattung. Zu dritt schoben wir das tonnenschwere Gefährt in den Hof. Die Oldtimerfreunde hatten jetzt ihre Tätigkeiten komplett eingestellt und gruppierten sich um den Wagen. „Das ist ja ein Ding! Hier bei uns so ein Schmuckstück", raunte es um uns herum! „Seit Jahren vor unseren Augen, nur durch ein Holztor verborgen. Das konnte doch einfach nicht sein! Und wieso wusste niemand davon?" Stattdessen kam ich daher und kaufte es ihnen einfach vor der Nase weg! Also, so ging das nicht!

Seelenruhig füllte mein Mechaniker Benzin ein, schaute sich den Motor und die Räder genau an, prüfte die Funktionsfähigkeit einmal durch und entschied: „ Wir versuchen, den Wagen zu starten".

Batterie anschließen, das Gaspedal ein bisschen pumpen und den Starterknopf drücken. Brrrrmmmm – der Motor sprang an. Jetzt wurden die Oldtimerfreunde richtig unruhig und positionierten sich ein wenig bedrohlich um uns herum, die Stimmung wurde feindselig. Einige wechselten die Gesichtsfarbe von rosig auf gelblich. Lebhaft und laut wurde diskutiert und ich hielt es für besser, diesen ungastlichen Ort so schnell wie möglich zu verlassen. Wir fuhren raus auf die Straße und luden das schöne 170er Cabrio schnell auf den Hänger. Es hätte nicht viel gefehlt und die Oldtimerfreunde hätten uns am Abtransport gehindert; einige hielten sich noch am Türgriff und an der Stoßstange fest, aber ungerührt starteten wir in Richtung Mittelweg. Puh, das war knapp gewesen!

Ein langjähriger Kunde, der gern selbst restaurierte, kaufte den Wagen in diesem authentischen Zustand. Liebevoll und vorsichtig erhielt er so viel alte Substanz wie möglich. Es ist vermutlich auch heute noch eines der besten, originalsten Mercedes 170 Cabriolets. Herr M. hat im Laufe von mehr als dreißig Jahren damit viele Schönheitswettbewerbe im In- und Ausland gewonnen. Er besitzt den Wagen heute noch.

Matts from Sweden

Anfang der 80er-Jahre sorgte der Ölboom in Norwegen für einigen Reichtum. Findige Skandinavier, die auf den Ölplattformen in der Nordsee viel Geld verdienten, flogen mal eben zwischendurch nach Kopenhagen, Hamburg oder Stockholm und kauften ein. Bekleidung für die Damen, Uhren, Schmuck und alltägliche Gegenstände. Nur Autos zu kaufen lohnte sich auf Grund der hohen Luxussteuer nicht. Andererseits sollte aber natürlich die Wirtschaft in Norwegen angekurbelt werden, und die Regierungsverantwortlichen überlegten, was man denn zum Import zulassen sollte. Natürlich all das, was den eigenen Staat entwickelte und was man andererseits nicht selbst herstellte. Dazu gehörten landwirtschaftliches Gerät, Maschinen, Unterhaltungselektronik und andere Investitionsgüter. Und natürlich: Lastwagen.
In der Definition der Norweger war ein Lastwagen damals ein Fahrzeug, welches mehr Lade- als Sitzfläche hatte. Hier kam Matts from Sweden Anfang 1984 auf die grandiose Idee: Porsche 924 und 928 sind doch die idealen LKW? Wenn man die Heckscheibe rausnimmt, eine Plexiglaswand hinter die Vordersitze einzieht und die hintere Sitzbank ausbaut: Fertig ist der LKW. Mit diesem Ansinnen kam er in unser Geschäft am Mittelweg 46. Eigentlich sprach er nur Schwedisch und Norwegisch, hatte aber bei einem Freund drei Tage intensiv Englisch gelernt, damit er zum Einkaufen nach Deutschland fahren konnte. Warum er nicht gleich Deutsch gelernt hatte, blieb sein Geheimnis.
Wir hatten in der „Auto, Motor und Sport" einen Porsche 928 annonciert, ein ordentliches, unverfälschtes Auto aus erster Hand. Matts kündigte sich an und versuchte uns am Telefon sein Anliegen zu schildern. Eine Firma, die Plexiglas schneiden konnte, hatten wir inzwischen gefunden, aber uns war nicht klar, was er vorhatte. Matts

war ein netter junger Wikinger, trotz Winterzeit kam er mit T-Shirt, Jeans und Pullover durch die Tür des Flughafens, uns war sofort klar: Das ist er! Munter redete er auf Schwedisch und Englisch auf uns ein, am liebsten sollte gleich alles noch heute geschehen, damit er direkt zurückfahren konnte, schließlich musste er übermorgen wieder zur Arbeit.

Er war das erste Mal in Hamburg, hatte aber für die Stadt gar keine Augen. Ganz schnell sollte es zurückgehen. Von Puttgarden mit der Fähre rüber nach Rödby, über die dänischen Inseln gesaust, auf der Fähre rüber nach Schweden und dann hoch über Göteborg nach Oslo auf den gut ausgebauten Straßen. Das war sein Plan. Aber so schnell schießen die Preußen nicht. Es war schon später am Tage und erst mal musste er den Wagen sehen, kaufen und bezahlen, auf Zollnummer zulassen, dann den „Umbau" organisieren, volltanken, Landkarte kaufen und schließlich ausgeschlafen die Fahrt über ca. 950 Kilometer starten. Sehen, kaufen und bezahlen dauerte fünf Minuten, dann das Ausfüllen der Papiere, Versicherungskarte für Zollnummer kaufen, Zulassungsstelle um drei Minuten vor fünf zur Freude der Beamten aufsuchen, und schnell noch zum Zoll in die Speicherstadt, damit die Ausfuhr schon hier bestätigt werden konnte.

Dann in die Werkstatt und den Wagen abgeben, damit am nächsten Morgen gleich der Umbau zum LKW erfolgen konnte. Ziemlich atemlos kamen wir abends in unserem Zuhause in Alt-Mölln am See an. Die Kinder und ein schönes Abendessen erwarteten uns, dazu gab es ein kühles bayerisches Bier. Zufällig kam noch Besuch und wir saßen bis spät in die Nacht mit Matts und Bier am Esstisch und verstanden uns bei zunehmendem Alkoholpegel immer besser. Die Ereignisse der letzten Zeit bildeten Gesprächsstoff genug.

Apple hatte einen Computer namens Macintosh eingeführt – wer braucht schon so etwas? Die Olympischen Winterspiele in Sarajewo, Jugoslawien, waren gerade zu Ende gegangen und in der Sowjetunion war Juri Andropow, der Erste Sekretär der KPdSU, gestorben, sein Nachfolger hieß Konstantin Tschernenko und war im Westen gänzlich

Auf einer Ausstellung in den Messehallen von „Planten un Blomen" in Hamburg. Später wird aus dieser Ausstellung die immer noch jährlich wiederkehrende „Camping und Caravan".

unbekannt. Mit Beginn des neuen Jahres war in Deutschland das Privatfernsehen gestartet und wir hatten an einen netten Italiener, Nino de Angelo, gerade einen Ferrari verkauft. Wir hielten ihn für einen Restaurantbesitzer aus dem Ruhrgebiet. Wir schauten im Fernsehen nie die ZDF-Hitparade mit dem ehemaligen Opel-Dello Autoverkäufer Dieter Thomas Heck als Moderator, und hörten auch keine Schlagermusik im Radio, daher wussten wir nicht, wer Nino de Angelo tatsächlich war. Aber als er seinen knallroten Ferrari einige Tage nach dem Kauf in Hamburg abholte, war zufällig ein Freund aus der Musikbranche anwesend, der uns aufklärte: Wir hatten es bei Nino de Angelo nicht mit einem Pizzeriabesitzer aus dem Ruhrpott, sondern mit dem Nummer-Eins-Hit-Sänger der Jahre 1983 und 1984 zu tun! Unsere Musik war Stevie Wonder mit seinem Dauerbrenner: „I just called to say I love you", Chris de Burgh oder Nena, Peter Maffay und Herbert Grönemeyer, endlich mal gut anzuhörende deutsche Titel.

Spät komplimentierten wir an diesem Abend die Gäste hinaus. Wir warteten ab, bis Matts auch die letzten Bierflaschen aus der Kiste geleert hatte, und fielen todmüde ins Bett. Am nächsten Morgen lief der Wikinger schon im T-Shirt und mit unseren beiden Hunden fröhlich durch den Garten und konnte es kaum abwarten, endlich seinen Porsche in Empfang zu nehmen und loszubrausen. Es ging tatsächlich alles glatt. Er stieg ein und fuhr los. An den Grenzen ließ man ihn problemlos passieren, und nachdem er den Wagen schnell und sehr erfolgreich in Oslo verkauft hatte, sagte er sich für die nächste Woche erneut an und bestellte wieder einen 928 oder einen 924, egal. Allerdings sollte beim nächsten Mal alles ganz schnell gehen: kommen, gucken, kaufen, und ab nach Hause.
Tolles Geschäft – das ging eine ganze Zeit so, und er war nicht der Einzige, der diese Gesetzeslücke erkannt hatte. Langsam wurden die eigentlich nicht mehr sehr beliebten Porsche der Baureihen 924 und 928 in Hamburg und Umgebung knapp und teuer. Und auch die norwegische Regierung wunderte sich, dass mit einem Mal überall diese kleinen, teuren LKW auftauchten.
Das war so nicht gewollt. Ganz schnell wurde dann ein neues Gesetz erlassen, was den Import von bestimmten Modellen, natürlich auch der teuren, aber für die wirtschaftliche Entwicklung Norwegens gänzlich ungeeigneten LKW-Porsche verbot. Stichtag war der nächste, direkt bevorstehende Ultimo. Hui, Matts rief an und bestellte noch einen Wagen, ganz dringend. Er würde noch heute, jetzt gleich zum Flughafen fahren und ins nächste Flugzeug springen. Wir könnten uns drauf verlassen. Zum Glück hatten wir gerade noch einen Porsche 924 kaufen können, der sollte es sein.
Diesmal musste alles noch viel schneller gehen, denn nachts um zwölf Uhr war Ende mit dieser Art von Importen nach Norwegen! Wir brachten den Wagen zum Umbauen, machten parallel die Papiere fertig und brausten zum Flughafen, um Matts vom Flieger abzuholen. Auf Strumpfsocken kam er uns in der marmornen Halle entgegen. Bei seiner Hatz zum Flughafen waren ihm seine hölzernen Clogs von den

Füßen geflogen. Egal, es ging doch auch barfuß. Gemeinsam fuhren wir direkt zur Umbauwerkstatt, zwischendurch im Auto zählten wir die 25.000 DM + Zulassung und Versicherung + Umbau. Er sprang in den Wagen und brauste los, durch den dichten Mittagsverkehr auf die A1 Richtung Puttgarden. Wenn alles glatt geht, benötigt man auf dieser Route etwa elf Stunden – ohne Pausen – bis nach Oslo. Das würde knapp werden! Zum Glück hatte er auf der Fähre bereits einen Platz reserviert, sonst wäre er hier schon aufgehalten worden. Damals gab es noch keine Mobiltelefone oder Internet. Viel zu schnell durch Dänemark, vorbei an Kopenhagen, Fähre rüber nach Schweden und auch hier gegen jedes Tempolimit an der Küste entlang über Göteborg, Uddevalla zur norwegischen Grenze. Wir fieberten von zu Hause aus mit, da wir ja wussten, wie eng es werden würde, und die skandinavischen Beamten waren bekannt dafür, dass sie „kein Auge zudrücken". Mitternacht war Mitternacht und dabei blieb es! Gegen ein Uhr nachts ging das Telefon: „I arrived at the border at quarter to twelve!" Er hatte es also geschafft, unser Wikinger ohne Schuhe.
Immer mal wieder gab es völlig verrückte kurze Phasen von besonderen Exportmöglichkeiten in irgendwelche Länder, aber dieser Porscheboom im ersten Halbjahr 1984 war wirklich der atemloseste, den wir je erlebt hatten. Hoffentlich hat Matts die Nachwirkungen dieser Zeit auch gut überstanden. Wir brauchten jedenfalls erst mal ein paar Tage Urlaub.

Ein skurriler 928 Porsche, hier als Pickup – sieht so ein LKW aus? Für einige Monate Anfang der 80er-Jahre des 20. Jahrhunderts für die Grenzbeamten in Norwegen kein ungewöhnlicher Anblick.

Es werde Licht oder „Ich bin ganz zu"

Der dritte Termin klappte endlich. Nachdem Prof. Dr. M. zweimal innerhalb eines halben Jahres die festen Termine sehr kurzfristig – wir waren schon unterwegs gewesen – abgesagt hatte, verabredeten wir uns nun Ende des Jahres 1984 bei einer Adresse in Norderstedt. Wir sollten nicht klingeln, er erwartete uns zum festgelegten Zeitpunkt vor der Einfahrt zur Tiefgarage. Da alles mehrmals besprochen war und wir den Wagen fest kaufen und auch gleich mitnehmen sollten, brachten wir einen Trailer mit. Der MG Baujahr 1961 war abgemeldet und die Garage zum nächsten Ersten gekündigt. Das Auto musste seinen angestammten Platz, auf dem es mehr als zwanzig Jahre fest gestanden hatte, nun verlassen. Der Trennungsschmerz bei Prof. M. war groß. Sein guter Gefährte, der ihn auf seiner schönsten Reise so zuverlässig begleitet hatte! Man kann ihn doch eigentlich nicht einfach so weggeben: „Ich bin ganz zu", sagte der Professor. So ganz verstanden wir diese Aussage nicht, was meinte er damit? Hin- und hergerissen, war er jetzt aber doch entschlossen, diese Trennung nicht weiter hinauszuzögern.

Durch den nieseligen Novemberregen fuhren wir die Ausfallstraße nach Norderstedt entlang. Im Radio erzählten sie von den erfolgreichen Filmen des letzten Jahres. Der Film „Gandhi" schlug alle Rekorde und berichtete sehr farbenprächtig vom Freiheitskampf des aufrechten Inders, und der deutsche Kabarettist Gerhald Polt landete mit seinem Film „Kehraus" einen Überraschungshit. Nach schweren Auseinandersetzungen war kurz zuvor die indische Ministerpräsidentin Indira Gandhi von Sikhs ermordet worden, ihr Sohn wurde gerade zum Nachfolger bestimmt. Die Welt war unruhig, so viele Veränderungen. Die amerikanische Firma IBM brachte einen sogenannten Personal Computer auf den Markt. Was sollte man bloß damit?

Ab August galt eine Anschnallpflicht im Auto, bei Nichtbeachtung drohten 40 DM Bußgeld. Muss man die Leute immer zu ihrem Glück zwingen? Es gab noch eine ganze Menge älterer Fahrzeuge, die hatten gar keine Anschnallgurte! Erstmals war eine grüne Partei im Bundestag vertreten. Deren Abgeordnete sorgten immer gern für Aufregung. Im Oktober wurde bei Tumulten ein Joschka Fischer für zwei Tage vom Parlament suspendiert. Ungebührliches Benehmen! Mit Verwunderung hatte ich vernommen, dass die traditionsreichen, aber leider in Konkurs gegangenen Zündapp-Werke an die Chinesen verkauft worden waren. Eine Zündapp war in den 50er- und 60er-Jahren der absolute Traum eines jeden jungen Mannes gewesen, und nun so ein unrühmlicher Abgang. Auf der langen hässlichen Straße Richtung Norderstedt standen bei den Autohändlern überall noch die bayrischen Autos mit Hagelschäden auf den Höfen. Im Juli hatte es in München so starken Hagelschlag gegeben, dass ein riesiger Schaden an Gebäuden und Fahrzeugen, die Versicherungen sprachen von 1,5 Milliarden DM, entstanden war. Diese Fahrzeuge waren natürlich billig zu haben gewesen und im ersten Moment fiel es auch nicht besonders ins Auge, dass die Wagen von Dellen übersät waren, erst auf den zweiten Blick sah man das Malheur. Der einzige Garant für Sicherheit und Normalität in Deutschland war Richard von Weizsäcker, der im Juli zum neuen, sehr beliebten Bundespräsidenten gewählt worden war.

Wir waren pünktlich am Ziel, kannten Prof. M. bisher nur aus Telefonaten, erkannten ihn aber sofort vor der Tiefgarage. Er erklärte uns wortreich, warum es ihm so schwer fiel, den Wagen weg-zugeben. Er war Psychotherapeut und kannte sich mit Trennungen aus. „Er war ganz zu." Wir verstanden das gut, waren aber inzwischen vom Nieselregen durchweicht und wollten den Wagen gerne erst mal sehen. – Na gut, wenn es denn nicht anders ging. Die Tiefgarage war

durch wenige Leuchtstoffröhren im Minutentakt beleuchtet. Gerade als wir das Auto erreicht hatten, ging das Licht aus. Die Garage wurde auch zur Aufbewahrung vieler anderer Dinge benutzt, so lagen überall Baumaterialien herum, Reifen stapelten sich vor den Pfeilern und beim Besichtigungsobjekt lagen Bretter herum, das hatte ich gerade noch aus den Augenwinkeln gesehen. Wir blieben ruhig stehen und der Professor ging los und suchte nach einem Lichtschalter. Es rumpelte und polterte – was war hier los? Wir hatten Bargeld in der Tasche.
Das Licht ging wieder an, der Professor hatte irgendwo seine Baskenmütze verloren, aber das spielte jetzt auch keine Rolle. Wir nahmen das Paletot vom Wagen und sahen ein hellblaues Schmuckstück. Ein Neuwagen stand dort im Schummerlicht! Eine einzige große Reise 1962 entlang der Côte d'Azur, von San Remo über Monaco nach Cannes und Nizza, hatte der Professor mit seinem Briten gemacht. Das Licht ging aus. Wir blieben stehen, der Professor suchte den Schalter. „Ach Gott, mein guter Kamerad, was mache ich hier eigentlich – ich bin ganz zu!" Endlich wieder die funzelige Beleuchtung. Ich verließ schnell die Tiefgarage, um die mitgebrachte Batterie aus dem Geländewagen zu holen. Lichtschalter drücken beim Rausgehen, Lichtschalter drücken beim Reingehen. Drei Minuten waren schnell um. Ich merkte mir den Pfeiler mit dem Schalter in der Nähe des Fahrzeuges und merkte mir vor allen Dingen die herumliegenden Gegenstände. Nach dem Einsetzen der Batterie wollte ich starten, nichts ging, nur das Licht – das ging allerdings aus. Der Professor suchte wieder den Schalter und lamentierte: „Das kann ich doch nicht machen, nach so vielen Jahren, einfach weggeben. Ich bin ganz zu." Das Licht ging an, alle Versuche, den Wagen zu starten, schlugen fehl. Kein Benzin, daran hatte ich nicht gedacht. Vermutlich war es in all den Jahren einfach weggetrocknet. Es blieb nichts anderes übrig, als den Wagen in Richtung Ausgang zu schieben und dann mithilfe der Hängerwinsch und eines langen Stahlseils den schweren Brocken die Auffahrt hochzuziehen. Vorher mussten wir aber erst mal die Bretter,

das Baumaterial und die alten Teppichreste zur Seite räumen. Der Professor postierte sich am Licht und drückte in regelmäßigen Abständen den Schalter. Los ging's, mit dem Hänger durch den lebhaften Feierabendverkehr rückwärts vor die Auffahrt rangieren und mit vereinten Kräften, dem Zugseil und unserer Muskelkraft, den Wagen hochschieben. Draußen regnete es jetzt in Strömen. Den Wagen noch richtig auf den Hänger stellen, festzurren. Das wäre geschafft. Klitschnass stellten wir fest: Ein toller Roadster!
Nun wollten wir noch die Verträge machen, das Geld bezahlen und die Papiere übernehmen. Der Professor zögerte: „Wieso, was wollen Sie denn noch alles? Welche Papiere, welchen Brief?" Es dauerte einige Minuten, bis wir ihm erklärt hatten, wozu ein Kfz-Brief diente und dass er zum Auto gehörte, auch die Betriebsanleitung und das Scheckheft gehörten zum Wagen und nicht beim Vorbesitzer in den Schreibtisch. Außerdem wollten wir natürlich gerne bestätigt wissen, dass dieses Schmuckstück tatsächlich aus erster Hand war.

Der Professor hatte in dem schmucklosen roten Backsteinbau nur eine Zweitwohnung, eigentlich wohnte er in Eppendorf, nahe am Universitätsklinikum. Wozu hatte man dann in Norderstedt, einem wenig attraktiven Stadtteil, eine Zweitwohnung? „Na gut, dann kommen Sie mit rauf, aber bitte Schuhe ausziehen." So, wie wir inzwischen aussahen, machte das auch nichts mehr.
Oben angekommen, mussten mehrere Schlösser entriegelt werden und wir staunten über das Mobiliar: Es standen ausschließlich Kommoden herum, kein Schrank, kein Bett, keine Stühle oder Sessel. Kommoden aus mehreren Jahrhunderten, aus diversen Hölzern, mit Verzierungen oder ohne, mit Beschlägen und ohne, große wuchtige und kleine grazile. Ein kleiner, niedriger Tisch stand im Flur und wir standen etwas verloren in der Wohnung herum. Der Professor begann die Unterlagen zu suchen und wir schrieben, auf den Knien sitzend, schon mal den Kaufvertrag aus. Komisch, dass man bei solchen Gelegenheiten immer einen Strumpf mit Loch an den Füßen hat. Keine

Bilder, keine Teppiche, keine Küche. Uns schwante, dass diese Wohnung ausschließlich zum sicheren Aufbewahren der wertvollen Kommoden diente.
„Wo ist der Brief? Ich bin ganz zu." Endlich, nach einer ganzen Zeit, fand er einen Aktenordner, das musste er sein. Alles, was seit dem Beginn des Autolebens angefallen war, war hier akribisch abgeheftet. Der Neuwagenkaufvertrag, die Benzinquittungen, die Rechnungen für die Serviceleistungen, die Ölwechsel – alles da. Auch der Brief, tatsächlich: aus erster Hand. Erleichtert besprachen wir die Modalitäten des Vertrages, schrieben Quittungen und übergaben den Geldbetrag. Aber den Brief mochte der Professor doch nicht so gerne mitgeben. Den könnten wir doch auch später abholen, er konnte sich einfach noch nicht ganz und endgültig trennen, er sei ganz zu. Alles ging jetzt so schnell und überraschend, so was machte er sonst nie.

Wir waren inzwischen unter starkem Zeitdruck, da die Aktion deutlich länger gedauert hatte als ursprünglich gerechnet. Am Mittelweg wartete bereits jemand auf mich, meine Sekretärin hatte mehrere Anrufer vertröstet, jetzt war dichter Feierabendverkehr und wir wollten den Wagen gerne so schnell wie möglich wieder ins Trockene bringen. Uns war klar, wenn wir den Brief jetzt nicht mitnahmen, würden wir ihn nie bekommen. Da kam mir ein guter Gedanke und ich versprach dem Professor: wir würden den Wagen professionell fotografieren lassen und den Brief in guter Qualität kopieren, dann hätte er eine würdige Erinnerung. Damit war er einverstanden und überreichte uns mit trauriger Miene den Kfz-Brief. Ein himmelblauer englischer Sportwagentraum wartete nicht lange auf einen neuen Besitzer.

(K)ein Geschäft

Ein neblig-trüber, leiser Februarmorgen 1983 in der erwachenden Stadt. Im Radio berichtete der Reporter über die bevorstehende Bundestagswahl und räumte den Grünen erstmals gute Chancen ein, in den Bundestag gewählt zu werden. Da kam unser Kunde Dr. D. auf dem Weg in seine Kanzlei am Cremon kurz auf einen Kaffee vorbei. Wir hatten uns einige Zeit nicht gesehen, und er erzählte von seiner abenteuerlichen Reise nach Südafrika, Griechenland und in die USA. Als Anwalt für Seerecht bearbeitete er einen komplizierten Fall. Ein griechischer Reeder, dessen Tanker vor Port Elisabeth, Südafrika, auf Grund gelaufen und vollständig havariert war, war bei einem anglo-amerikanischen Konzern versichert und die Versicherung vermutete Unregelmäßigkeiten. Ein hoher Streitwert lag in der Luft und die verschiedenen Interessen müssten abgeklopft werden. Der Grund seines Besuches war, wie meistens, der Wunsch nach einem besonderen Fahrzeug. In Kapstadt holte ihn sein Kontaktmann mit einem Mercedes 300 S Coupé vom Flughafen ab und er verliebte sich sofort in dieses Modell. Ich sollte so einen Mercedes besorgen. Ein kostspieliger, aber nicht unerfüllbarer Wunsch.

Mein alter Freund Bernd aus Dortmund restaurierte immer wieder diese schönen Mercedesmodelle aus den 50er-Jahren und er hatte mir vor einiger Zeit von einem 300 SL Roadster und einem Mercedes 300 erzählt. Ich wusste nicht mehr genau, um welches 300er-Modell es sich handelte, und rief ihn an. Ein Cabriolet, Roadster oder ein Coupé? Ich hatte Glück, der Mercedes 300 S war fast fertig und tatsächlich ein Coupé, zwar gab es schon einige Interessenten, aber verkauft war der Wagen noch nicht. Es fehlten nur noch Restarbeiten. Ich wollte das Auto besichtigen und Bilder machen. Wir verabredeten uns für den nächsten Tag in seiner Werkstatt. Auch über den Preis

und die Modalitäten wollten wir sprechen. Das erledigte ich lieber direkt beim Objekt als am Telefon.
Für längere Fahrten hatte ich im letzten Jahr einen dunkelgrünen Golf Diesel angeschafft, vier Türen, Lederausstattung und unheimlich sparsam, bequem und recht flott. Damit ich jederzeit erreichbar war, natürlich mit Autotelefon. Hörer und Wählvorrichtung am Armaturenbrett und im Kofferraum ein ausladender Gerätekasten. Daneben passte höchsten noch eine Kiste Bier, dann war der Kofferraum ausgefüllt. Am Mittelweg 46 war wenig Platz und meine Tiefgarage in der Rothenbaumchaussee war bis in die Auffahrt eng mit Fahrzeugen zugestellt. So musste der Golf um die Ecke an einer Laterne parken. Ich wollte schnell den Wagen holen, alles für die Fahrt vorbereiten, damit ich morgen ganz früh, noch vor dem Berufsverkehr, auf die Autobahn nach Dortmund kam. Ich wusste ja, so ein Wunsch wollte schnell befriedigt werden. Als ich in die Hansastraße einbog, glaubte ich meinen Augen nicht zu trauen, mitten in diesem noblen Villenviertel nahe der Alster stand mein Golf mit zerschlagenen Scheiben. Die Lederausstattung war komplett ausgebaut und das Autotelefon rausgerissen. Niemand hatte etwas bemerkt und die Polizei machte mir keinerlei Hoffnung, dass irgendetwas wieder auftauchten oder man der Täter habhaft werden würde. Zum Glück war das Auto versichert. Nur das teure Motorola-Telefon, es hatte fast genauso viel wie der Wagen gekostet, war natürlich nicht versichert. Nun geht es ohne Telefon und mit dem Volvo nach Dortmund. Auch andere Oldtimerliebhaber wussten von den Fahrzeugen und ich wollte nicht zu spät kommen.

Ganz in der Nähe einer alten Zeche hatte Bernd sein Domizil in einem idyllischen Hinterhof. Bei diesem Schneematschwetter wurde es kaum richtig hell am Tage und die Luft roch nach Abgasen. Draußen schneidender Wind und feuchte Kälte, die in die Knochen kroch. Drinnen eine wunderschöne alte Werkstatt mit hohen Fenstern, einem gemütlichen Bollerofen, auf dem eine verbeulte Kaffeekanne simmerte, und antiquarische Blechschilder an den Wänden. Es roch nach Öl und Leder. Hier arbeitete Bernd in aller Ruhe. Ganz allein restaurierte er seine Schätze. Im Radio ließ Nena „99 Luftballons" fliegen. Das 300 S Coupé war ein Traum, klassisch in Schwarz mit grünem Leder. Ich war mir sehr sicher, dieses Fahrzeug wird Dr. D. begeistern! Bernd hatte schon mal kalkuliert, Auto plus Aufwand plus Teile, Fremdkosten und natürlich ein Gewinn. Bei Schnittchen und Kaffee aus der Blechkanne wurden wir uns handelseinig. Der Wagen war sehr teuer, aber auch sehr schön. Sobald die letzten Polsterarbeiten gemacht waren, wollte er mir den Wagen nach Hamburg bringen – sofern es nicht wieder schneite. Ich ließ direkt eine Anzahlung auf sein Konto anweisen, machte einige Fotos und fuhr beruhigt nach Hamburg zurück. Im Radio sang einer „Jenseits von Eden". Merkwürdiger Titel. Ich fühlte mich prächtig.
Nach einigen Tagen waren die Bilder fertig entwickelt und Dr. D. erhielt ein Exposé ins Büro. Ich war mir sicher, dies würde das Schmuckstück seiner umfangreichen Sammlung werden. Er hatte bereits mehr als 50 Fahrzeuge über mich erworben. Eigentlich fehlten in seiner Mercedespalette nur noch wenige Modelle, das 300 S Coupé gehörte eindeutig dazu. Ich erhielt keine Antwort, aber das kannte ich bei Dr. D., er war ein viel beschäftigter Mann. Es vergingen doch noch einige Wochen, bis der Wagen endgültig fertig war. Mit großem Wirbel erschienen zwischenzeitlich die Hitler-Tagebücher im Magazin „Stern". Gerd Heidemann, Redakteur beim Stern, hatte die Kladden auf abenteuerlichen Wegen entdeckt. Musste die Geschichte des Dritten Reiches neu geschrieben werden? Dies war Stadtgespräch bei Mario, meinem Lieblingsitaliener in Pöseldorf. Bei Antipasti und

Penne all' Arrabbiata diskutierten wir in dem engen, gemütlichen kleinen Lokal die neuesten Enthüllungen.
Endlich wurde das Wetter freundlicher und Bernd brachte den Mercedes frühlingsfrisch nach Hamburg. Er parkte direkt auf der kleinen Verkaufsfläche am Mittelweg und stolz nahm ich das Schmuckstück entgegen. Es sah nicht nur gut aus, sondern zeigte bei einer kleinen Probefahrt um den Häuserblock auch sehr kultivierte Fahreigenschaften. Es war Mittagszeit und viele Menschen aus den umliegenden Werbeagenturen und Büros eilten zum Essen. Wir ernteten bewundernde Blicke. Zwischen all den modernen farbigen Fahrzeugen wirkte dieses Automobil wie ein Relikt aus vergangenen, reichen Tagen. Ein guter Kauf. Kurze Zeit später kam Dr. D. zu Besuch. Eilig strebte er, ohne hinzuschauen, die sechs Stufen hinauf in mein Büro. Amüsiert berichtete er vom Fortgang seines Mandates um den inzwischen zerbrochenen Tanker. Es wurde immer verwickelter und zu seiner Freude auch gefährlich. Bei seinem letzten Besuch in Griechenland wurde im Hafen von Piräus ein Anschlag auf ihn verübt, er vermutete Rivalitäten unter den einflussreichen, griechischen Reedern. Es ging um viel Geld. Die Fracht und das Schiff waren versichert, aber niemand konnte bezeugen, dass der Tanker auch wirklich beladen gewesen war. Die arabischen Frachtpapiere waren abhanden gekommen. Detailliert erzählte er die Vorkommnisse. Offensichtlich hatte Dr. D. den Fall aber zu seiner und zur Zufriedenheit des Auftraggebers gelöst. Langsam wurde ich nervös. Kein Blick auf das Auto, keine Frage dazu. Nichts. Hat er es vielleicht übersehen? Nein, das Auto kann man gar nicht ignorieren! Jetzt zum Frühjahr hatte ich etliche Fahrzeuge angekauft, schöne englische Cabrios und einige Sportwagen, alle nicht billig, aber das teuerste Auto stand draußen vor der Tür und erzeugte nichts als Desinteresse. 165.000 DM – dafür konnte man ein Einfamilienhaus kaufen! Was machte ich, wenn er gar nicht mehr wollte? Eigentlich hatte ich schon fest mit dem Geld gerechnet.
Ich servierte noch einen Kaffee und versuchte das Gespräch auf Autos zu bringen, aber Dr. D. war noch nicht am Ende seiner

Geschichte, er musste unbedingt noch erzählen, wie es in London bei der Versicherung weitergegangen war. Alles wirklich sehr interessant und spannend, aber Krimis konnte ich mir auch abends im Fernsehen anschauen. Meine Anspannung stieg und ich musste zur Beruhigung eine Pfeife anzünden. Wollte er mich nur auf die Folter spannen, oder hatte er seine Bestellung vergessen? Zur Ablenkung schaute ich hinaus in den schönen Frühlingstag. Vom erhöht liegenden Büro hatte man einen guten Überblick über den Laden und den Verkaufsvorplatz. Da kam ein englisch gekleideter Passant und schaute sich interessiert die Fahrzeuge an. Der 300er weckte sein Interesse und er fasste an die Türklinke. Aus den Augenwinkeln hatte Dr. D. dies ebenfalls bemerkt. „Sagen Sie dem Mann, er soll die Finger von meinem Auto nehmen!" Erlöst holte ich einen Vertrag aus der Schublade und dokumentierte den Kauf.
Für einige Zeit fand das schöne Coupé in einer noblen Garage in den Alstervororten seinen Platz.
Die Sensation: die Hitler-Tagebücher waren gefälscht. Konrad Kujau hatte nach Gutdünken aufgeschrieben, was ihm in den Sinn kam, dazwischen auch eine Menge Unsinn. In Buxtehude wurde die erste Tempo-30-Zone in Deutschland eingerichtet. Der wachsende Verkehr musste mehr Rücksicht auf Fußgänger und Radfahrer nehmen, die Anzahl der Autos stieg von Jahr zu Jahr, Parkplätze in den Innenstädten wurden knapp. Die lustige Uhrenmarke „Swatch" wurde eingeführt und bei den jungen Leuten sofort ein großer Erfolg. Einige Zeit später kündigte in Las Vegas ein sehr durchschnittlich aussehender milchgesichtiger, junger Amerikaner für seine Firma Microsoft ein Computerprogramm mit Namen Windows 1.0 an. Motorola entwickelte ein 800 g schweres Mobiltelefon und läutet damit das Handy-Zeitalter ein. Lech Wałęsa, der polnische Werftarbeiter aus Danzig, erhielt den Friedensnobelpreis, der schwedische Tennisspieler Björn Borg trat zurück und Geier Sturzflug rettete das Bruttosozialprodukt. Eines Tages spazierte ein großer Jägersmann in mein Geschäft am Mittelweg. Nach kurzer Verhandlung kaufte er ein sehr schönes Mercedes 280

SE 3,5 Cabriolet. Er hatte einen Autoexperten mitgebracht, der das Cabrio untersuchte und für gut befand. Ebenfalls Jäger, aber offensichtlich auch Landwirt mit Schweinemastbetrieb. Als ich den Vertrag schrieb, überreichte der Käufer seine Visitenkarte. Darauf war nur sein Name ein unbedeutender Ort in Niedersachsen und als Zusatz: „Fabrikant" zu lesen. Keine richtige Adresse, keine Telefonnummer.

Wir gingen ins nahegelegene Block House am Mittelweg, bestellten ein hervorragendes Rib-Eye-Steak und beschnupperten uns. Herr Fabrikant hatte in der Nähe von Itzehoe ein Gut mit einer interessanten Eigenjagd gekauft. In dem großen Waldgebiet gab es Rotwild, Damwild und leider viel zu viel Schwarzwild. Seine Säue richteten reichlich Flurschaden an, den sich die Bauern gut bezahlen ließen. Er baute eine kleine Autosammlung auf, und ihm fehlte auch noch ein Mercedes 300 S Coupé. Ich hatte keines, kannte auch niemanden, der gerade eines verkaufen wollte. Da fiel mir der Wagen von Dr. D. wieder ein. Sollte ich mal einen Besichtigungstermin vereinbaren? Ja,

aber nicht sofort, am ersten August begann die Hirschjagd, und da hatte er anderes zu tun. Das war mir recht, so konnte ich in Ruhe sondieren, ob ein Verkauf in Frage käme.
Dr. D. war von der Verkaufsidee erst gar nicht begeistert. Er hatte den Wagen gern und fuhr ihn auch ins Büro und in die Oper. Ihn konnte nur ein sehr hoher Verkaufspreis locken. Ich gab den geforderten Preis an den Fabrikanten weiter. Wohl war mir dabei nicht. Zwar haben Oldtimerfahrzeuge immer eine Wertsteigerung, aber nicht so schnell und nicht so viel. Ich sah kaum eine Chance, daraus ein Geschäft zu entwickeln. Bis wir einen Besichtigungstermin fanden, wurde es Herbst. Im Bonner Hofgarten demonstrierten 100.000 gegen den NATO-Doppelbeschluss, ein Mittel des Kalten Krieges. Das hielt Udo Lindenberg nicht davon ab, im Oktober im Palazzo Prozzi für Honecker mit dem „Sonderzug nach Pankow" ordentlich einzuheizen.
Durch bunt gefärbte Alleen fuhr ich mit dem Fabrikanten und seinem Experten zur Villa in ...büttel. Dr. D. erwartete uns und führte uns erst einmal durch den schön angelegten Garten zum Steg am Alsterlauf. Die letzten Rosen blühten und Wasservögel schwammen gemächlich vorbei. Herr Fabrikant hatte mir kategorisch erklärt, er zahle maximal 200.000 DM, keinen Pfennig mehr, natürlich meine Provision von fünf Prozent, aber dann sei Schluss. Dr. D. hatte erklärt: Unter 300.000 Mark gehe das Fahrzeug nicht vom Hof. Ich gab mich keinen Illusionen hin, daraus war kein Geschäft zu machen. Zwei starke, sehr wohlhabende Kontrahenten, hier ging es eher um Macht als um ein Objekt. Der eine brauchte das Geld nicht und der andere brauchte das Auto nicht. Ich genoss also den Tag auf diesem prächtigen Anwesen und freute mich, den 300er wiederzusehen. Aber Dr. D. ließ sich eine Menge Zeit, erst mal müssten wir Kaffee im Teehaus trinken, dann zeigte er uns sein Schwimmbecken, über dem gerade eine zeltartige Abdeckung für den Winterbetrieb montiert wurde. Ich merkte, dass der Fabrikant langsam ungeduldig wurde, er wollte doch keine Haus- und Gartenbesichtigung machen. Wir schlenderten rüber zum

Garagenhaus und Dr. D. betätigte das automatische Tor. Er setzte sich in den Wagen, startete und fuhr mit der Schnauze genau einen Meter raus auf den Kies. Das Auto lief wunderbar, der große Drei-Liter-Motor summte genauso, wie es sein musste. Der Fachmann nickte anerkennend, umrundete den Wagen halb drinnen in der Garage, halb draußen im Sonnenschein und konnte nach dieser eingehenden Prüfung nur zum Kauf raten. „Na, Doktorchen, was soll er denn kosten?", fragt der Fabrikant. Am Preis hatte sich für Dr. D. nichts geändert und ich dachte, na, das war's dann. Zu meiner größten Überraschung sagte der Fabrikant: „Ja, ich kaufe den Wagen, aber ich will ihn auch gleich mitnehmen."

Dr. D. stimmte genauso erstaunt zu und der Fachmann holte aus dem Auto einen großen Umschlag. Dreihundert Tausendmarkscheine. „Das zählt Mirbach", ordnete Dr. D. an. Mit größter Konzentration zählte ich zweimal durch – es stimmte. „So und nun die Provision für Mirbach", wieder eine Anordnung von Dr. D. Gehorsam holte der Fachmann einen weiteren Umschlag und der Fabrikant zählte ab. Ich glaubte, Dr. D. stach der Hafer, und er bemerkte: „Wenn Mirbach für die Vermittlung eine Provision erhält, muss Ihr Gutachter doch auch eine Provision bekommen!" Meinte er das wirklich ernst? Und tatsächlich, der Fabrikant lachte: „Ja, Sie haben recht, der trägt ja auch nicht nur seine alten Pullover auf!" So erhielt auch der Fachmann seinen Anteil und ein unmögliches Geschäft fand seinen erfolgreichen Abschluss.

Die Wehrmachtseinheitsprotze

Die Wehrmachtseinheitsprotze ist eine Anhängekupplung, die im Zweiten Weltkrieg an allen ziehenden Fahrzeugen der Wehrmacht angebracht war – und damit ein Vorläufer der späteren DIN-Normen. Anfang der 80er-Jahre lernte ich Peter kennen. Er war ein Fan großer, PS-starker Fahrzeuge und besaß konsequent immer nur das Top-Modell von Mercedes und im Geländewagenbereich. Sein gut laufender, alteingesessener Feinmechaniker-Betrieb erlaubte ihm auch ein aufwändiges Hobby: sein Herz hing an den BMW-Wehrmachtsmaschinen. Nachdem er sich nun schon viele Jahre mit deren Besonderheiten beschäftigt hatte, kristallisierte sich eine Vorliebe für die BMW R 75 heraus. Die R 75 hatte einen angetriebenen Seitenwagen und neben den normalen Gängen auch Geländegänge und zwei Rückwärtsgänge. Diese vielen Möglichkeiten sollten das Motorrad im Krieg durch die weißrussischen Sümpfe ziehen. Eine Mot-Einheit bestand aus fünf bis sechs Motorrädern mit Beiwagen, einige obendrein noch mit Anhänger – hier kam die Wehrmachtseinheitsprotze als Verbindungsglied ins Spiel. Mal war das Gespann als fahrbarer MG-Stand ausgerüstet, mal als Melder, mal zum Essenstransport oder zur sonstigen Verwendung. Peter besaß fünf Stück dieser großen, schweren Maschinen. Praktischerweise hatte er sein Schwimmbad im Privathaus abgedeckt und darauf seine Motorräder geparkt – es gab eine bequeme Einfahrt durch den Garten. Von da an wurde im Schwimmbad geschraubt und gewerkelt.

Ein Schwimmwagen zu Besuch in Alt-Mölln

Mit einem unfehlbaren Feinmechanikerauge ausgestattet, reichte ihm die Qualität der angebotenen Ersatzteile nicht und er beschloss, in den auftragsärmeren Zeiten zusammen mit seinen 13 Lehrlingen erst die Formen zu bauen und dann die Teile aus dem Vollen zu drehen. Kleinserien lohnten sich nicht, also stellte er jeweils eine erkleckliche Stückzahl her, um auch Schrauberfreunde mit den nötigen und raren Ersatzteilen zu versorgen.

PETERS ZAHNARZT-/ FEINMECHANIKERWERKSTATT

Bei einem aus Metall gedrehten Teil sah er sofort den kleinsten Fehler. Und er sah auch die Komik im Geschehen, darüber freundeten wir uns an. An den Wochenenden machte er gern Ausfahrten ins Lauenburgische und besuchte uns mit Freunden in unserem Haus am Kanal in Mölln. Kaffee und Kuchen warteten schon auf der Terrasse. An diesen Sonntagnachmittagen lernte ich viel über die Geschichte und die Besonderheiten dieser bayrischen Motorräder. Das sind keine Nazis, sondern technikbegeisterte Sammler und Schrauber. Die Besitzer solcher Dinge kannten sich europaweit von Treffen und Teilemärkten. Peter hatte Motorradfreunde überall verteilt. Man besuchte sich gegenseitig und half sich mit Ersatzteilen aus. Da es noch nicht um viel Geld ging und die Liebhaber auch keine reichen Leute waren, machte Peter häufig Tauschgeschäfte. Ein Originalkotflügel gegen die dringend benötigten nachgebauten Getriebeteile; Handschaltgriffe, aus dem Vollen geschnitzt, gegen einen Tank. Mit diesen Originalteilen fertigte er wiederum Formen an, um Nachbauten – die häufig besser waren als die Originalteile – zu bauen. So schaffte er sich ein umfangreiches Teilearsenal an und jeder, der etwas für sein BMW-Motorrad benötigte, kam zu ihm. Einmal erhielt er eine eiserne Ritterrüstung als Zahlung. Sein Haus war groß genug, dass sich dafür ein Plätzchen finden ließ. Als ich das erste Mal seine Werkstatt betrat, staunte ich nicht schlecht:

In einer rollengelagerten, ausrangierten Zahnarztpraxis lagen sortiert die Raritäten. In den Ecken des Schwimmbades sammelten sich Helme, Stulpen, Stiefel, Uniformen, Mäntel, Taschen, Abzeichen, Orden und vieles mehr. Seine fünf Maschinen waren nicht in Feldgrau, sondern beige lackiert. Ich wollte schon anstimmen, dass es sich wohl um Maschinen aus dem Rommelgeschwader handelte, aber er belehrte mich eines Besseren. Im Wüstensand wären die schweren R 75 vermutlich gleich steckengeblieben, daher wurden in Nordafrika überwiegend die leichteren R 12 mit und ohne Beiwagen verwendet. Die R 75 war überwiegend im Ostfeldzug eingesetzt. Das Feldgrau hatte sich aber als sehr schlechte Tarnung im Schnee erwiesen und fortan wurden die Motorräder in diesem Beigegelb geliefert. Peter wusste viele Geschichten rund um die Motorräder zu erzählen und er klärte mich anhand seiner Maschinen auf über den Unterschied zwischen original und originell. Im Herbst 1984 fuhren wir gemeinsam zu einem Motorradtreffen nach Mannheim. Es war schon ziemlich kühl und wir wählten den etwas bequemeren Weg: Jeep mit Anhänger, darauf die Maschine mit Beiwagen und Hänger. Der Hänger auch I-Karre, für Infanterie-Karre, genannt, war sehr selten so schön original erhalten. Wir wohnten bei einem Sammlerfreund, der in Heidelberg ein Hotel betrieb, und waren dort nicht die einzigen Gäste mit so einem Motorrad. Großes Hallo und Fachsimpeln bis in die späte Nacht. Am nächsten Tag dann von Heidelberg nach Mannheim, stilecht gekleidet im Dauerregen, Peter fuhr und ich quetschte mich mit zwölf Flaschen bestem Bordeaux in den Beiwagen. Bei gefühlten dreißig Grad minus und ziemlich durchnässt mussten wir einige Stunden auf dem Treffen ausharren, da Peter mit diversen Sammler-

freunden Verabredungen hatte. Im Kofferraum der I-Karre waren in Ölpapier verpackt die bestellten Teile. Wir vertrieben uns die Wartezeit mit dem wunderbaren Rotwein und wechselten von Zeit zu Zeit mit klammen Fingern Teile gegen Bargeld.
Trotz des scheußlichen Wetters kamen die Besucher in Scharen. Einige hatten in Kellern oder Garagen irgendein altes Ersatzteil gefunden, das sie nun an den Mann bringen wollten. Andere hatten nur ihre Stullen und Enkelkinder dabei. Ein etwa vierzigjähriger Vater erklärte seinem halbwüchsigen Sohn mit Kennerblick: „So eine Maschine habe ich bei der Bundeswehr gefahren!" So, so. Oder alte Kämpen erzählten: „Damit bin ich durch halb Nordafrika gefahren! Bis Tobruk und El-Alamein". So, so. Da waren uns die interessiert fragenden Besucher schon lieber: „Wasch isch denn dös?" „Das ist eine sehr seltene Maschine aus dem Zweiten Weltkrieg, eine BMW R 75." „Ach, und wer hat desch gefahrn?" Peter erwiderte trocken: „Hermann Göring, wenn er auf dem Vormarsch war!" „Desch is ja interessant!"

Die BMW R 75 mit Seitenwagen und I-Karre – zugelassen und voll funktionstüchtig – von uns so verkauft im Jahre 2012

Als wir genug von dem sachkundigen Publikum hatten, fuhren wir ins Heidelberger Hotel zurück und tranken gemütlich mit den Schrauberfreunden den Rest vom guten Roten. Dabei erzählten die Freunde aus der ehemalig amerikanisch besetzten Zone begeistert von den tollen Willys Jeeps, und Peter ließ sich hinreißen, direkt einen zu erwerben. Dann zwei, dann drei, dann sprach seine Frau ein Machtwort. Irgendetwas musste jetzt auch mal verkauft werden, das Haus ist doch keine Werkstatt! Und da kam ich ins Spiel. Vielleicht hätten ja meine japanischen Kunden Interesse an diesen seltenen Exemplaren?

Der Eiserne Ritter

Alle Freunde und Bekannten, die immer wieder Interesse bekundet hatten: „Also Peter, wenn du jemals eine deiner Maschinen verkaufst, bitte zuerst bei mir melden!“, waren leider zurzeit unpässlich. „Das ist mal wieder typisch für diese Motorradfreaks“, kommentierte Gisella, seine Frau, nachdem sie am Abend im dunklen Hausflur mal wieder von der eisernen Ritterrüstung erschreckt wurde. Dauernd stellte Peter sie woanders hin, irgendwie war dieser Ritter immer im Weg. Ich glaubte allerdings, dass es ihm einen diebischen Spaß machte, seine Frau und seine Katzen damit zu erschrecken.

Um Gisella zufriedenzustellen, bat mich Peter um Mithilfe beim Verkauf. Ich hätte doch weltweit Kunden, vielleicht wäre ja auch ein Interessent für so ein Motorrad dabei? Er setzte den Preis sehr hoch an, außerdem sollten die Motorräder auch bei ihm im Schwimmbad bleiben und nicht zu mir in den Laden kommen. Unter all diesen Voraussetzungen rechnete ich mir nicht viele Chancen auf einen Verkauf aus. Aber Gisella gab wieder Ruhe.

Da fiel mir mein alter Kunde und Freund Yoshio U. aus Düsseldorf wieder ein. Überraschenderweise gelang es uns innerhalb kurzer Zeit, seine japanischen Kunden für diese Militaria zu interessieren. Bilder wurden um den halben Globus geschickt und schließlich kam Yoshio mit drei Japanern nach Hamburg. Wir fuhren direkt zu Peter raus aufs Land, und die drei waren begeistert – Deutsche Wehrmacht stand in Japan hoch im Kurs. Ich hatte vorher einen deutlich höheren Preis genannt, als Peter eigentlich haben wollte. Mit erschien es ratsam, diese wirklich besondere Maschine zu einem extrem hohen Preis anzubieten, damit Raum für Verhandlung blieb und weil ich aus Erfahrung wusste: Was billig angeboten wird, lockt diese Kunden nicht. Die drei Japaner wuselten, jeder ein ständig nachgefülltes Champagnerglas in der Hand, um die Maschinen herum und freuten sich an den Details. Alle drei sprachen nur japanisch – Yoshio übersetzte. Offensichtlich waren sie den Konsum von so viel Alkohol kaum gewöhnt. Sie kicherten und alberten herum. Nach kurzer Zeit war klar: diese besondere Wehrmachtsmaschine wollten sie unbedingt haben. Obwohl Peter insgesamt fünf BMW-R-75-Motorräder besaß, war er nur bereit, eine einzige zu verkaufen. Alles Betteln half nichts, er blieb hart. Dies schien bei den drei Kauffreudigen erheblichen Eindruck zu machen. Jemand, den man nicht mit Geld beeindrucken kann, ist eher selten. Und die langen Ledermäntel, Handschuhe, Taschen, Mützen, Stiefel – was für eine Fundgrube! Darüber könnte man reden, sagte Gisella, schließlich musste sie diese Utensilien dauernd abstauben. Peter kümmerte sich mehr um die großen Gegenstände. Ich versuchte, den Überblick zu behalten, das war jetzt bereits eine erkleckliche Kaufpreissumme. Motorrad plus jede Menge einzelner Gegenstände, alle authentisch Zweiter Weltkrieg. Britta schrieb eifrig die genannten und abgenickten Preise mit. Dieser Abend versprach, sich zu lohnen! Wir hatten vorher abgemacht, dass ich zehn Prozent der Gesamtsumme als Provision erhalten sollte. Und wir waren langsam in der Region um 100.000 DM angekommen.

Ganz hinten in der Ecke stand noch ein Harley Trike, eine dreirädrige Polizeimaschine aus den USA, mal aus einer Laune heraus mitten in den Great Plains erworben und mit nach Deutschland gebracht. Trotz aller Bemühungen hatte Peter es aber nicht geschafft, diesen merkwürdigen Zwitter in den 70er-Jahren in Hamburg zuzulassen. Irgendwie stand die Kiste immer im Weg, und nur mit roter Nummer durch die Gegend zu fahren, entsprach nicht seiner Idee von Freiheit. Ganz vorsichtig lenkte ich die Aufmerksamkeit auf die dunkle Ecke, und, wer hätte es geglaubt, auch dieses Objekt gefiel unseren Dreien.

Inzwischen war es spät geworden, wir waren müde und hatten noch eine lange Fahrt vor uns, erst die Japaner in die Stadt ins Hotel bringen und dann wieder raus nach Mölln fahren. Jetzt sollte es aber unbedingt noch dieses Trike sein. Wir mussten es mit vereinten Kräften aus dem Schwimmbad in den dunklen Garten schieben und draußen versuchen, zu starten. Musste schon ein merkwürdiger Anblick für die Nachbarn sein, drei kichernde, stolpernde Japaner und zwei Deutsche schieben gemeinsam ein amerikanisches Trike aus der Schwimmhalle und machen dann laute Startversuche im Garten. Nach und nach ging überall um uns in den Häusern das Licht an und die Nachbarn schauten interessiert zu. Irgendwann endlich sprang die Harley an. Aha, damit war klar, sie läuft, also auch dieses exotische Ding noch auf die Einkaufsliste.

Freund Peter mit seiner BMW R 75-Wehrmachtsmaschine zu Besuch in Alt-Mölln

Nach dem Ausflug an die frische Luft trat ein wenig Entspannung und Ernüchterung ein. Endlich konnten wir uns verabschieden und den Heimweg antreten.

Die Verträge wurden am nächsten Tag unterschrieben, das Geld kam im Akkreditiv, und die Motorräder samt Kleiderkiste wanderten per Schiff zu den stolzen Käufern. Nun war die Provision fällig. Mehr als 100.000 DM hatten den Besitzer gewechselt und ich schrieb meine Rechnung: zehn Prozent der Gesamtsumme – wie abgemacht. Ich

DER EISERNE RITTER – DIESMAL IN EINER WOHNZIMMERECKE

hätte es vorher nicht geglaubt, aber nun ging das Feilschen los. Peter hielt sich zurück, aber Gisella sah es überhaupt nicht ein, dass ich neben dem Anteil am Motorrad nun auch noch an den anderen Gegenständen verdienen wollte. Ich bekam also nur einen kleinen Betrag in bar. Und ehe ich mich wehren konnte, wurde ich stolzer Besitzer einer eisernen Ritterrüstung. Gisella war die Erleichterung, dieses Ding los zu sein und gleichzeitig kein Geld aus dem Portemonnaie ziehen zu müssen, deutlich anzumerken. Mir sollte es recht sein, so eine Ritterrüstung passte eigentlich perfekt zu unserem im spanischen Stil gehaltenen Haus am Möllner See. Ich musste zugeben, erst war ich ein bisschen sauer, dass man mich so abgefertigt hatte, aber im Laufe der Zeit wuchs mir der eiserne Geselle ans Herz und auch die Kinder hatten ihren Spaß, wenn sie damit Freunde oder Feinde erschrecken konnten. Gisella dachte bestimmt, dass sie sich billig aus der Affäre gezogen hatte, aber als ich nach einigen Jahren das Haus in Mölln verkaufte, fragte der nette Käufer, was denn mit der Rüstung und einigen anderen Gegenständen wäre, ob ich die nicht eventuell mit verkaufen wollte. Wir beratschlagten und nannten den Preis: 20.000 DM für die Rüstung. Inzwischen hatten wir einiges über deren Herkunft herausbekommen und uns über den Wert so einer Rüstung informiert. Ja, abgemacht.

Ich konnte es mir nicht verkneifen, nach unserem Umzug Gisella davon zu erzählen, bei der beiläufigen Erwähnung des Kaufpreises für die Rüstung wurde sie ganz blass.

Mutters erstes Auto

1985 kam Hans-M. J. auf einem Zwischenstopp in Hamburg erstmals in mein Geschäft und wollte „nur mal schauen". Wir unterhielten uns sehr nett und er erzählte, dass er verschiedene Mercedes-Fahrzeuge aus den 50er- und 60er-Jahren kaufen möchte. Sein Vater hatte viele dieser Luxusmodelle im täglichen Betrieb gefahren und er wollte diese Fahrzeuge sammeln. Zunächst kaufte er einen Mercedes 300 Adenauer, eine sehr schöne Limousine. Als Deutsch-Däne hatte er direkt hinter der Grenze ein landwirtschaftliches Anwesen auf der Apenrader Halbinsel. Hierhin wollte er den Wagen in den nächsten Tagen überführen, ich sollte alles vorbereiten. Das tat ich sehr gern.
Von nun an besuchte er mich regelmäßig, wenn er sein Büro in Hamburg aufsuchte. Wir fanden viele schöne Fahrzeuge für seine Sammlung und schließlich lud er mich nach Apenrade ein. Ich sollte einen alten Bentley dorthin mitbringen und wir wollten zusammen schauen, wie seine Sammlung angewachsen war und was vielleicht noch fehlen würde. Gern sollte auch der Mechaniker mitkommen, damit wir alle Batterien prüfen, laden und abklemmen und die Fahrzeuge notfalls aufbocken könnten.
Wir fuhren auf die wunderschön gelegene Halbinsel in der Ostsee und waren überwältigt von dem landwirtschaftlichen Anwesen. Es handelte sich um große dänische Gutshäuser mit Reetdach und originalen chinesischen Elementen. Im Radio dröhnte die unverwüstliche Tina Turner und Elton John schwärmte von „Nikita". In Moskau war gerade Michail Gorbatschow zum neuen Generalsekretär der KPdSU gewählt worden. Offenbar zog nach der unendlichen Anzahl uralter Männer nun ein neuer Geist im Kreml ein. Selbst die Ehefrau dieses Gorbatschow machte einen fröhlichen Eindruck und entsprach so gar nicht dem Klischee der dicken, kleinen Babuschka.

Schon sehr lange machte das Handelshaus der Familie J. die Hauptgeschäfte von Hongkong aus mit damals noch Rot-China. Gerade fädelte Hans-M. ein großes Geschäft mit VW ein. Sein jüngerer Bruder Christian kam zu Besuch, er war neugierig auf das neue Auto. Seine Aufgabe war die Bewirtschaftung der Ländereien. Er war mit Leib und Seele Landwirt und liebte seine Scholle. Die beiden sausten mit mir in dem alten Bentley durch die engen Knickwege und ich rutschte fast unter den Sitz – nicht auszudenken, wenn jetzt jemand von vorn käme oder mit einem Mal ein Trecker um die nächste Ecke böge. Aber die beiden lachten nur fröhlich: „Das ist alles unser Land – hier kommt keiner!“ Zurück im dänisch-chinesischen Gutshaus bereiteten wir die Autos für die private Ausstellung vor. Zum Aperitif versammelten sich alle in der Halle. Ich entdeckte oben auf der Galerie Schiffsbilder und fragte, ob ich mir die Sammlung einmal anschauen dürfte. Natürlich, nichts lieber als das. Christian stieg mit mir die Treppe empor und erklärte die verschiedenen Bilder und Schiffstypen. „Das ist ja wirklich eine eindrucksvolle Bildersammlung“. Ich selbst hatte auch verschiedene Schiffsbilder und kannte mich ein klein wenig aus. „Haben Sie die selbst zusammengetragen?“ Er schaute mich ein wenig verständnislos an: „Nein, das sind alles unsere Schiffe. Früher hatte man doch keine Fotoapparate, da beauftragte man einen Maler!“

Der Flügeltürer am Mittelweg 46 – er fand seinen Weg nach Dänemark auf die Halbinsel von Apenrade.

Den Abend verbrachten wir in der frisch renovierten alten Schleifmühle. Hier war ein Restaurant eingezogen, das „Knapp". Der Koch zauberte ein Menü, wie ich es in Dänemark so nicht erwartet hätte. Kannte man doch als deutscher Tourist eher die roten Pølser oder die quietschbunten Kuchen. Doch dies hier war Weltklasse. Ein kleiner, verträumter Seerosenteich und ein hölzerner Teepavillon machten die Idylle perfekt. Christian, der jüngere Bruder, hatte inzwischen auch seine Freude an alten Autos entdeckt und wollte gern einen Mercedes 300 SL kaufen. Mir war einer angeboten worden und ich hatte ungefähr den Preis im Kopf. Ein Coupé, oder Flügeltürer, wie er heute gern genannt wird, für circa 160.000 DM. Hui, Christian schluckte und Hans.-M. sagte: „Na, dann schau doch noch mal in deinen Silo. Vielleicht gibt er es ja doch her." Ja, es reichte und Christian fuhr fortan – für lange Zeit – den einzigen Flügeltürer im Königreich Dänemark.
Inzwischen gewann als erster Deutscher und jüngster Teilnehmer aller Zeiten ein gewisser Boris Becker das berühmte Tennisturnier in Wimbledon. In unmittelbarer Nachbarschaft zu meinem Ladengeschäft am Mittelweg befand sich die Tennisanlage „Roter Baum", und nach diesem Sieg setzte eine merkwürdige Euphorie für Tennis ein. Die Tennisplätze zwischen Mittelweg und Rothenbaumchaussee wurden vergrößert, mehr Sitzplätze wurden geschaffen, eine „Eventgastronomie" zog ein und ein internationaler Tross an Zuschauern wogte fortan durch die Tennisarenen dieser Welt, um das triste Hin und Her von zwei Leuten und einem Ball mitzuerleben. In den ersten Jahren dauerte so eine Spielrunde nur eine Woche, später zwei Wochen, und es kam noch ein Damenturnier hinzu, und jedes Mal wurde der vierspurige Mittelweg zur schmalen zweispurigen Straße und zum Parkplatz umgewidmet. Ich kam kaum noch in mein Geschäft und war damit für diese Wochen immer lahmgelegt. Hinzu kam, dass vor dem Laden meine Stellplätze von irgendwelchen Autofahrern einfach zugeparkt wurden. Als ich die Polizei um Unterstützung bat, zuckte man nur mit den Schultern. Da die Falschparker keine öffentlichen Belange berührten, gab es keinen Grund, sie abzuschleppen. Wenn ich das

wollte, müsste ich selbst einen Abschlepper beauftragen und später vermutlich die Kosten einklagen. Ich lernte Tennis regelrecht zu hassen. Ich konzentrierte mich in diesen Zeiten also auf das Besorgen von Fahrzeugen und versuchte, mich nicht allzu sehr zu ärgern. Der Sport spielte in diesem Jahr überhaupt eine große Rolle in den Zeitungen. Als erster deutscher Golfer gewann Bernhard Langer ein Masters-Turnier in den USA und im Mai waren bei Krawallen und einer anschließenden Massenpanik in einem belgischen Fußballstadion 39 Menschen ums Leben gekommen.
Eine lange, freundschaftliche Geschäftsbeziehung entstand und später restaurierte meine neue Firma, die MIKA in Mölln (MIrbach & KAmpschulte), für Herrn J. diverse Fahrzeuge und betreut seine Sammlung bis heute.
Der 70. Geburtstag seiner Mutter warf seine Schatten voraus. Im nächsten Jahr sollte das Ereignis groß gefeiert werden und diesmal wollte der Sohn seiner geliebten Mutter ein ganz besonderes Dankeschön überreichen. Er erinnerte sich gern, wie er und seine jüngeren Geschwister mit der Mutter im Auto gefahren waren. Das erste Auto, welches seine Mutter als

eigenes Fahrzeug besessen hatte, wäre doch ein prima Geschenk. Ein Borgward Hansa Cabriolet mit 1500 ccm. Anfang der 50er-Jahre wurden diese Modelle in drei Werken der „Carl F. W. Borgward Automobil- und Motorenwerke GmbH" gebaut, später dann die beliebtere „Isabella". Schon als Neuwagen waren diese besonderen Fahrzeuge im Vergleich zu anderen angebotenen Modellen ziemlich teuer und entsprachen nicht gerade dem Zeitgeschmack. Es gab daher nur wenige produzierte Stücke. Der Borgward Hansa war zwar der erste völlig neu entwickelte PKW nach dem Krieg mit echten Neuerungen und guten Fahrleistungen, trotzdem wies die Produktion häufig Mängel auf und es haben nicht viele Fahrzeuge überlebt. Die meisten landeten auf dem Schrott. Auch die Ersatzteilsituation war schwierig, da Borgward bereits 1961 zahlungsunfähig wurde und bankrott ging.

Aber Hans-M. J. war sich sicher, seine Mutter würde sich über diese Erinnerung sehr freuen. Ich erhielt den Auftrag, einen Borgward Hansa Cabriolet zu suchen. Auf der letzten Veterama in Mannheim hatte ich zufällig Mitglieder des Borwardclubs getroffen. Da in den einschlägigen Zeitungen keine Inserate zu finden waren, meldete ich mich beim Vorsitzenden des Borwardclubs und fragte nach einem Hansa Cabriolet. Er erzählte mir stolz, dass er vermutlich der Einzige sei, der so ein Fahrzeug heute noch besitze – aber verkaufen, nein niemals. Dieser Traum in Schwarz mit rotem Leder sicherte ihm auf jedem Treffen, bei jeder Ausfahrt und bei jedem Schönheitswettbewerb die volle Aufmerksamkeit des Publikums. Er gab mir aber einige Adressen von Leuten, die vielleicht weiterhelfen könnten. Ich telefonierte mir die Finger wund, damals gab es noch Wählscheiben, aber keiner hatte genau das angefragte Modell. Der Geburtstag rückte näher und Herr J. rief wieder an: „Schon was gefunden?" „Nein", ich machte ihm wenig Hoffnung. Da sagte er zu meiner Überraschung: „Ich möchte meiner Mutter diesen Wagen wirklich sehr gern schenken, der Preis ist eher untergeordnet."

Vielleicht ließ sich bei dem stolzen Vorsitzenden ja doch etwas machen. Ich hatte mit einem Preis von 30.000 bis 50.000 DM gerechnet und konnte jetzt offenbar etwas höher herangehen. Der Vorsitzende lachte mich aus, zu dem Preis würde er niemals, nicht annähernd verkaufen. Sondern? 150.000 DM, das könnte ihn verlocken. Ich traute mich nicht, Herrn J. diese, meiner Meinung nach, völlig überzogene Preisvorstellung zu übermitteln, und suchte weiter. Nichts, selbst in den USA wurde nichts angeboten. Borgward hatte viele Neuwagen seinerzeit in die Vereinigten Staaten von Amerika geliefert, aber es waren nur die beliebten Isabellas zu kaufen.
Nur noch wenige Monate bis zum großen, runden Geburtstag. Bei seinem nächsten Besuch in Hamburg sprachen wir dann unter anderem

auch über die Marktsituation dieser Borgward-Modelle. Und ich erzählte von der exorbitanten Forderung für das einzig vorhandene Modell. „Na, dann mal los!“, war die Antwort. Wir nahmen also erneut Kontakt zum Vorsitzenden auf und mussten mit Engelszungen reden, damit er sich schließlich zum Verkauf entschloss. Sobald am Telefon alles besprochen war, schickte ich unseren Fahrer mit Hänger in die Mitte von Deutschland den Wagen sofort abzuholen – nicht dass der Verkäufer es sich doch wieder anders überlegte. Für sehr viel Geld stand wenige Tage später dieses seltene Modell auf dem Hof. Erlöst meldeten wir Herrn J., dass der Wagen nun rechtzeitig zur Verfügung stand.

„Schön und gut, aber die Farbe ist falsch. Meine Mutter hatte den Wagen in Beige mit braunem Leder. Bitte umlackieren und neues Leder in der richtigen Farbe einbauen.“ Das war aus Originalitätsgesichtspunkten ein kleines Verbrechen, da der Wagen im ersten Lack war und auch das Leder nach fast dreißig Jahren immer noch sehr schön geschmeidig und makellos war. Aber des Kunden Wille hat Priorität und wir bereiteten den Wagen vor, ließen ihn sehr aufwändig lackieren, beim besten Polsterer in Hamburg mit neuem Leder versehen und schafften es, alles rechtzeitig vor dem Geburtstag fertigzustellen. Anders als geplant, konnte Hans-M. den Wagen seiner Mutter nicht selbst übergeben, und so fuhr ein Mitarbeiter den wunderschönen Borgward Hansa Cabriolet am großen Tag vor das Portal des idyllisch am Ratzeburger See gelegenen alten Fachwerkhauses auf der Ratzeburger Domhalbinsel und übergab die Schlüssel und die Wagenpapiere. Frau L., die Mutter, schaute kurz raus und musste sich dann um ihre vielen Gratulationsgäste kümmern.

Einige Tage später traf ich Frau L. zufällig auf der Straße, gratulierte ihr nachträglich und fragte natürlich nach dem Borgward. „Tja“, sagte Frau L., „mein Sohn hat es bestimmt gut gemeint. Aber wissen Sie, Herr Mirbach, ich fand den Wagen damals schon ziemlich lahm und irgendwie hässlich, aber in Beige mit Braun ist doch die Krönung! Wenn er wenigstens schwarz mit rotem Leder gewesen wäre!“

My dear Mr. Singing Club oder Mein lieber Herr Gesangverein

Seit einigen Jahren betrieben wir nun schon in Mölln am Bahnhof die Firma MIKA und exportierten außerdem weiterhin Autos nach Japan und Skandinavien. Wir wohnten mit den Kindern in einem schönen Haus am Möllner See und trafen uns häufiger mit Freunden zu Hause oder abends bei Herbi Aue, dem Marathonläufer, der eine Weinstube in Mölln betrieb. Hier kehrten auch gern die beiden Leibwächter von Dr. Uwe Barschel, dem schleswig-holsteinischen Ministerpräsidenten, ein. Uwe Barschel – omnipräsent – wohnte mit seiner Familie in unserer kleinen Stadt und fuhr morgens häufig quer durch das nördlichste Bundesland, um von Kiel aus zu regieren.

Partner Tim Kampschulte am Unterboden

Viele meiner alten Kunden kamen nun nach Mölln und auch viele neue kamen hinzu, um Arbeiten an ihren Fahrzeugen durchführen zu lassen. Mit Tim Kampschulte hatte ich einen guten Partner und Freund, der Lust zum Restaurieren hatte und sich die Kenntnisse über die einzelnen Modelle sehr umfangreich aneignete. Es wäre eine ruhige Zeit gewesen, wenn nicht Michail Gorbatschow in der

Sowjetunion die Perestroika (politischer und wirtschaftlicher Umbau) und Glasnost (Durchsichtigkeit) ausgerufen hätte. In diesen unruhigen Zeiten im russischen Riesenreich kehrten viele Spätaussiedler dem Land den Rücken und suchten ihr Heil und eine neue wirtschaftliche Existenz in der Bundesrepublik. In Mölln siedelten sich viele Russlanddeutsche an und ein ganzer Stadtteil war bald fest in russischer Hand. Neben einer großen Anzahl von Türkischstämmigen bildeten die Russlanddeutschen die zweitgrößte Gruppe der Immigranten.

Boris Becker und Steffi Graf beherrschten die Sportseiten der Zeitungen, und außer Tennis schien es fast keinen anderen Sport mehr zu geben. Ich war froh, dass ich diesen Andrang nicht mehr in Hamburg am Mittelweg direkt neben der Tennisanlage erleben musste. Im Mai 1987 gab es dann zwei einschneidende Ereignisse: der junge deutsche Flieger Mathias Rust landete mitten auf dem Roten Platz in Moskau und Uwe Barschel überlebte einen Flugzeugabsturz in Lübeck-Blankensee nur knapp. Ich verkaufte die Hamburger Firma an Stefan Luftschitz, der unter dem Namen C. F. Mirbach GmbH in Hamburg weiterhin das Geschäft mit Oldtimern betrieb. Ich konzentrierte mich auf die neuen Aufgaben in Mölln.

Wichtige Ereignisse boten in Herbi Aues Weinstube natürlich eine Menge Gesprächsstoff. Über dem Tresen hing eine Tafel mit dem Spruch „My dear Mr. Singing Club" und sowohl die Landung in Moskau als auch der Absturz in Blankensee waren wirklich starker Tobak. Man fragte sich, wie es dem Jungen gelungen war, das angeblich so perfekte Überwachungssystem der Russen auszuhebeln, und gleichzeitig fragte man sich, ob es sich bei dem Flugzeugabsturz wirklich um ein Unglück gehandelt hatte. Die Leibwächter kannten einige Details, versuchten aber, sich nicht an den wilden Spekulationen zu beteiligen.

Ferrari brachte zum 40-jährigen Firmenjubiläum den Ferrari F40 heraus. Der letzte unter Enzo Ferrari entwickelte und gebaute Ferrari. Ursprünglich sollten nur 450 Exemplare davon gebaut werden, aber die weltweite, unerwartet hohe Nachfrage veranlasste Ferrari, allein

im ersten Jahr 900 Autos herzustellen. Auch meine japanischen Kunden wollten gern gegen Aufpreis so ein Fahrzeug kaufen. Ich hatte mehrmals Günther F., den bekannten Brillenunternehmer, mit seinem schwarzen F40 durch die Gegend fahren sehen und sprach ihn an, ob er verkaufen wolle: „Gegen den richtigen Preis hätte ich nichts einzuwenden!" Der richtige Preis war natürlich sehr hoch. Man rechnete irgendwie damit, dass nach der Ära Enzo die Firma Ferrari nicht mehr das sein würde, was sie unter dem Firmengründer gewesen war. Gut möglich, dass dieser interessante Hersteller als Übernahmekandidat bei einem der weltweit agierenden Autokonzerne landen würde. Und übrig bliebe nur noch der klangvolle Name, wie auch bei Bugatti oder Maybach geschehen.
Nach langen Verhandlungen mit meinen japanischen Kunden akzeptierten sie den enormen Überpreis, damals wurden erhebliche Aufpreise für weltweit gesuchte Neuwagen gezahlt. In Saudi-Arabien oder Japan wollte man nicht die langen Lieferzeiten abwarten. Das war also klar, allerdings ohne mir eine Provision zu bewilligen – das sollte der Verkäufer tun. Der Neupreis war ca. 440.000 DM gewesen, und nun verlangte der Verkäufer eine Million DM für seinen Gebrauchtwagen. Diesen Preis wollten die Japaner auch bezahlen und ich begann mit dem Geschäftsführer der F. AG über eine angemessene Provision von sechs Prozent zu verhandeln. „Nein, das soll der Käufer zahlen!", lautetet die Antwort. So ging das Ping-Pong-Spiel einige Male hin und her, bis ich schließlich auf die Vermittlung dieses komplizierten Geschäftes verzichtete. Keine Partei war bereit, überhaupt eine Provision zu zahlen. Als ich absagte, waren beide Seiten verstimmt, hatte man doch geglaubt, aus einer Position der Stärke heraus den anderen niederzwingen zu können. Dies habe ich schon manchmal so erlebt. Aus Machtgehabe und Sturheit kommt am Ende keiner mehr zu seinem Recht. Ob dies eine typische Eigenschaft von mächtigen Firmenchefs ist?
Im Herbst hatte ich nach der Campingsaison mit einem Bremer Kaufmann sein riesiges amerikanisches Wohnmobil gegen einen

Porsche getauscht. Ich hatte gerade mein Schiff, eine Grand Banks, erfolgreich verkauft und wollte mal sehen, wie es in einem Wohnmobil so zugeht.

Im September besuchte Erich Honecker, der Vorsitzende des ZK der SED und Staatsratsvorsitzender der DDR – waren das nicht noch schöne Titel und Ehrenbezeichnungen? –, als erster DDR-Staatschef überhaupt die Bundesrepublik und Barschel gab nach Aufdeckung der Bespitzelung seines politischen Gegners, Björn Engholm, seine merkwürdige „Ehrenwort-Konferenz". Die Leibwächter wussten auch nicht, was sie davon halten sollten, aber es kamen immer mehr delikate Details über Barschels Verstrickungen in und mit der DDR ans Tageslicht. Das ließ auch die Spekulationen um den Absturz in Blankensee, ganz dicht an der innerdeutschen Grenze gelegen, wieder in neuem Licht erscheinen.

Wir restaurierten weiterhin Fahrzeuge und exportierten nach Skandinavien. Seit vielen Jahren findet jedes Jahr am zweiten Wochenende im Oktober in Mannheim die Veterama statt, ein riesiger Teilemarkt für Oldtimerfahrzeuge und Motorräder. Diesmal wollten wir mit der ganzen Mannschaft im Wohnmobil mit Anhänger dorthin fahren und sowohl Teile kaufen als auch etliches Überflüssige verkaufen. Der Anhänger war vollgepackt bis oben hin – gebrauchte Blechteile, mechanische, teilweise defekte Teile, Chromanbauten und -stoßstangen, die ihren Besitzern nicht mehr gut genug gewesen waren. Und viele andere Dinge, die sich im Laufe der ersten Jahre in der Restaurierungswerkstatt angesammelt hatten und für den Schrott zu schade gewesen waren. Überwiegend natürlich der Marken Mercedes und Porsche. Das amerikanische Wohnmobil hatte einen großen Schlafraum im Heck, einen Seitenraum mit Doppelstockkoje und über den Fahrersitzen eine große Schlaflandschaft, außerdem Pantry, Bad und Schränke und natürlich eine plüschige Sitzgruppe. Aber die handwerkliche Arbeit an diesem Winnebago-Luxusgefährt war zum Grausen. Bei den Amerikanern sollte alles elektrisch funktionieren, aber bei den Leitungen? Offenbar hatte man, bevor man die Raumunterteilung vorgenommen hatte, erst mal den hochflorigen Teppichboden ganzflächig verlegt. Darauf kamen dann die Wände und in Bad und Küche wurden die Linoleumböden einfach auf den Teppich geklebt. Das Holzimitat war natürlich Plastik, aber die Klimaanlage funktionierte und kühlte das gesamte Gefährt innerhalb von Minuten auf frostige vierzehn Grad herunter. Dazu jede Menge Schalter, die ihre eigentliche Lebensdauer schon hinter sich hatten. Aber acht bis zehn Leute hatten bequem Platz und die Dusche spritzte fröhlich in alle Richtungen. Dieses Wohnmobil sollte uns nun zu Veranstaltungen und in den Urlaub begleiten.

Die Veterama in Mannheim, ein Muss für alle Oldtimerliebhaber

Am einem Freitag im Oktober 1986 ging es sehr früh los nach Mannheim, dort reihten wir uns nachmittags in die lange Warteschlage vor dem großen Freigelände am Neckar ein. Anders als in Norddeutschland war es noch sehr warm und auch die Wettervorhersage für die nächsten Tage ließ Sonnenschein erwarten. Im Radio sangen Madonna, Michael Jackson und Whitney Houston um die Wette. Und im Kino hatten wir zwei wirklich tolle Filme erlebt: *Der Name der Rose*, ein Mittelalterschinken mit Sean Connery, und *Jenseits von Afrika,* die Geschichte einer dänischen Baronin als Kaffeplantagenbesitzerin in Kenia.

Endlich war Einlass und wir suchten unseren zugeteilten Platz. Tim stieg direkt hinter dem Tor aus und mutierte sofort zum Jäger und Sammler. Mit Taschenlampe und Portemonnaie bewaffnet kaufte er noch am selben Abend all die Teile zusammen, die er so dringend benötigte. Michel und Thorsten schleppten den Kram quer übers Gelände zu unserem Lagerplatz. Britta, meine Frau, machte das Abendbrot und die anderen Jungs luden den Anhänger aus. Spät abends saßen wir unter der Markise unserer Behausung und waren sehr zufrieden. Das war ein guter Anfang gewesen. Das Bier aus der Bügelflasche der Flensburger Brauerei floss in Strömen. Dieses Bier war speziell für das Rennen zwischen der Comicfigur Werner und seinem Freund, dem Porsche-Fahrer Holgi, abgefüllt und auf dem Flugplatz Hartenholm in Schleswig-Holstein zum Renntag verkauft worden. Es hatte den schönen Namen „Bölkstoff". Wir hatten davon mehrere Kisten an Bord. Die leeren Flaschen wurden ordentlich wieder in die Kisten zurückgestellt.

Immer wieder schlichen in der Nacht andere Jäger um unser Lager

und schauten unter den Planen und Decken nach brauchbaren Teilen. Einige klopften und wollten jetzt und sofort kaufen, aber nachts um zwei Uhr stellten wir unsere geschäftliche Tätigkeit endgültig ein, wir waren einfach zu müde. Der Samstagmorgen begann dann auch ziemlich erfolgreich. Schnell wurden wir die gebrauchten Chromteile zu einem guten Preis los, meist an Händler. Andere Experten kauften uns Blechteile ab und einige Mutige trauten sich an Lichtmaschinen, Kompressoren und ähnliche Teile heran. Aber dann kamen die Liebhaber und Garagenschrauber. Ab Mittag füllte sich der riesige Platz und wurde schwarz vor Menschen. Nun mussten wir aufpassen, dass das, was man sich ausgesucht hatte, auch bezahlt wurde. Auf der ganzen Länge des Wohnmobils hatten wir unsere Schätze auf und unter Tapeziertischen ausgebreitet und legten nach, wenn Lücken entstanden. Dazwischen standen die halb ausgetrunkenen Bierflaschen unserer Jungs. Es war heiß, alle waren durstig und diese Flaschen sahen toll aus. Die meisten Kunden hatten sogar hier im fernen Mannheim von dem Spektakel des Red-Porsche-Killers gehört und wollten gern so ein Bier probieren. Wir verkauften also die vollen Flaschen mit fünf DM, darin zwei DM Pfand. Die meisten Flaschen kamen leer zurück und wurden wieder fein säuberlich in die Kisten gepackt. In allen Fächern und Hohlräumen des Wohnmobils hatten wir unsere Schätze versteckt. Immer wieder fanden wir auch noch eine volle Kiste Bier. Später, als wir wieder zu Hause waren, merkten wir, dass wir die riesige Ablagefläche unter dem Eckbrett vergessen hatten. Hier schlummerten noch reichlich große Teile. Dann also nächstes Jahr wieder hin.
Ein typischer Liebhaber auf diesem Mannheimer Teilemarkt nahm das Objekt seiner Begierde in die öligen Finger, begutachtete es von allen Seiten, probierte Schieber und Schalter und fragte dann nach dem Preis. Bei einigen selbst ernannten Schraubern erzielten wir dann nur noch ein spöttisches Lachen, andere wollten den Preis verhandeln. Das war dann ungefähr so: „Was soll der Schrott hier koschten?" „Das ist übrigens eine Lichtmaschine von einem Mercedes

300, Baujahr 1956, kostet 120 DM." „Wie kommscht denn auf den Preis?" „Tja, die ist nicht mehr so gut, deshalb ist die so billig!" Der Liebhaber: „Desch is doch net billich, ich würd vielleischt 80 DM gebn." „Nee, lass gut sein, 150 DM müssen es schon sein!" „Wie, du hascht eben doch gesagt 120 DM." „Ja, und nun?" „Hanoi, dann nehm ich's halt für 120."
Diese Verkäufe waren extrem mühselig, aber auch ziemlich spaßig. Neben uns lagerte Bernd aus Berlin. Er hatte einen alten Großraum-Leichenwagen zu einem Schlafmobil umgebaut und war mit sechs zahlenden Gästen einfach zum Spaß nach Mannheim gefahren. Zu verkaufen hatte er eigentlich nichts. Er und seine Mitfahrer wollten das Original-Veterama-Feeling erleben. Am Abend vorher hatten die Berliner gegrillt und Musik gemacht und waren überhaupt eine lustige Truppe. Sie hatten palettenweise Bier und Wasser mitgebracht und saßen nun vor ihrem Leichenwagen und betrachteten das Treiben. Zwei oder drei aus der Truppe kauften einige Ersatzteile für ihre alten

1986 AUF DER VETERAMA IN MANNHEIM. HEISS UND DURSTIG, ABER SEHR ERFOLGREICH.

Motorräder, aber eigentlich hatten sie nichts zu tun. Am Samstag wurde es warm und auf dem Gelände waren nur wenige große Imbisswagen und Getränkebuden. Die Besucher hatten Durst, und so wandelte Bernd sich vom Zuschauer zum Barkeeper. Als sein Vorrat zur Neige ging, suchten er und seine Mitfahrer die an den entfernteren Ecken gelegenen Aussteller auf und kauften denen alle Getränkevorräte weg, mit dem enormen Gewinn hatte er umgehend sein Benzingeld wieder raus.

Abends saßen wir erschöpft unter der Markise, tranken das letzte Bier aus und waren noch zufriedener als am Freitagabend. Tim hatte am Samstag noch mal einige besonders seltene Chromteile entdeckt, original verpackt und noch nie angebaut, also entschloss er sich, die am Freitagabend erworbenen wieder zu verkaufen. Auch hier machte er noch einen Gewinn. Später haben wir uns geärgert, dass wir die Teile nicht behalten haben. Leider waren die vielen schönen Kästen mit dem „Bölkstoff" bald leer und wir mussten bei Bernd nebenan einkaufen.

Der darauffolgende Sonntag stand ganz im Zeichen des Familienausflugs und brave Mannheimer und Heidelberger Familien begafften das wilde, inzwischen etwas ungewaschene Volk, welches vom „bazillus veteranicus" infiziert war. Der eine oder andere nahm irgendein glänzendes Teil für fünf Mark mit und so wurden wir auch noch die letzten Bolzen und Schrauben los. Der Hänger war besenrein und wir hatten eigentlich nur noch die leeren Bierkisten und die neu erworbenen Teile. Bernd hatte mit seinem Leichenwagen und seinen Freunden das Gelände verlassen. Denn als die aus den entfernteren Ecken merkten, dass er mit ihren Getränken solche Geschäfte machte, rückten sie ihm auf die Pelle. Zum Spaß bauten wir also die leeren Bierkisten auf und zu unserem Erstaunen kamen die Leute jetzt und fragten, ob sie so eine Flasche kaufen könnten. „Ja, aber die ist leer!" „Macht nichts, wir wollen dies als Erinnerung an den norddeutschen Kult-Lehrling namens Werner haben. Gas, Wasser, Sch…" Na denn man to.

Am Ende hatten wir über zwölftausend Mark eingenommen mit Teilen, die man unter normalen Umständen damals auf den Schrott geworfen hätte. Das war 1986. Heute würde man sich vermutlich die Finger nach diesen Teilen lecken. Müde und abgekämpft, aber dafür braungebrannt und glücklich machten wir uns auf die Heimreise. An irgendeinem Rastplatz legten wir eine Pause ein und dann fuhren wir immer abwechselnd ein bis zwei Stunden lang weiter in Richtung Norden, die anderen schliefen. Beim Einschlafen hörten wir plötzlich eine Nachricht im Radio: Uwe Barschel war in einem Hotel in Genf tot aufgefunden worden!

Wo ist das Gold?

Ende der Achtzigerjahre bot mir ein fast befreundeter Mercedes-Gebrauchtwagenverkäufer einen sehr schönen Mercedes 500 SEL mit allen Extras zum Kauf an. Der Hundertsechsundzwanziger war schwarz mit schwarzem Leder, genau so etwas suchte ich für einen arabischen Kunden. Lange Modelle mit allen Extras waren in der arabischen Welt sehr beliebt. Da mein Kunde aber über Wochen nicht zu erreichen war, die Kommunikationswege liefen noch mit Telex und seit Mitte der Achtzigerjahre ganz neu mit Telefax, fuhren wir den schönen Wagen selbst. Diese S-Klasse stellte einen Quantensprung zum Vorgängermodell W 116 dar. Leichter mit geringerem Benzinverbrauch und gediegenen Fahreigenschaften, war dieses Modell sehr beliebt und wurde in etlichen Varianten angeboten. Der 500 SEL als lange S-Klasse war das absolute Topmodell.

Die komplette Mimik des Fahrersitzes, alles elektrisch und beheizbar!
Heute erntet diese Ausstattung nur noch ein müdes Lächeln, aber damals: Luxus pur!

Ein alter Kunde aus der Nähe von Hamburg sah mich eines Tages mit dem Mercedes durch die Gegend fahren, rief an und kaufte mir den Wagen schnell ab. Ebenso wie ich war er sehr zufrieden mit dem Auto. Da rief mich der Mercedesverkäufer wieder an, druckste ein bisschen herum und erzählte etwas von notwendigen Garantieleistungen, die die Vertretung für uns völlig kostenfrei unbedingt noch durchführen wollte. Ich sollte den Wagen, wenn möglich, kurzfristig bringen. Ich bräuchte auch keinen Termin, sollte einfach kommen, den Wagen für einen Tag dort lassen und ihn am nächsten Tag wieder abholen. Zur Krönung bot er mir noch einen Leihwagen an. Das hatte ich bei Mercedes als Händlerkollege noch nie erlebt. Hier stimmte etwas nicht.

„Was genau ist denn das für eine Garantieleistung? Der Wagen ist doch lange aus der Garantie raus. Kulanz habe ich als Händler noch nie erlebt und wenn, kann ich es nicht bei meinem örtlichen Mercedeshändler machen lassen?" Nein, bloß das nicht, unbedingt zurück zur Lieferfirma! Mir schoss es durch den Kopf: „In dem Wagen ist irgendwas versteckt! Muss ja sehr wertvoll sein, wenn Sie sich solche Mühe geben. Womöglich Gold?" Am anderen Ende der Leitung ein vorsichtiges Schweigen, dann überrascht die Frage: „Woher wissen Sie das?" Oh, ich hatte ins Schwarze getroffen, nicht zu glauben, der Kauf war inzwischen mindestens fünf Monate her, da war dem Vorbesitzer sein Versteck aber spät wieder eingefallen! „Nun, man hat so seine Vermutungen, allerdings habe ich den Wagen weiterverkauft, übrigens ganz in Ihre Nähe. Ich informiere den Kunden und melde mich wieder."

Nie hätte ich vermutet, dass man in so einem Mercedes W 126 Gold verstecken kann.

Mein Kunde war ein sehr erfolgreicher Geschäftsmann. Er hatte viele LKW laufen und wartete seine Fahrzeuge in seiner eigenen Werkstatt. Sicherlich würde er genau wie ich sofort seine Schlüsse ziehen.

Ich beschloss also, möglichst offen mit ihm zu reden. Ich erzählte ihm, dass der Wagen noch einmal zur Mercedesvertretung in E. zurück müsste. Irgendetwas sollte aus dem Auto ausgebaut werden. Er würde sicherlich eine Entschädigung dafür verlangen können. Herr v. H. hörte sich meinen Vortrag ruhig an und stellte eine einzige Frage: „Wo ist das Gold?" Er erzählte mir dann, dass er sich natürlich über die Herkunft des Wagens erkundigt hatte – es kam ja aus seinem Landkreis – und einiges über den Vorbesitzer erfahren hatte. Die Vermutung, dass in dem Wagen Gold versteckt war, war ihm zwischenzeitlich auch schon gekommen. Ich konnte nur bestätigen, was mir der Verkäufer gebeichtet hatte.

Herr v. H. lachte: „Die glauben doch nicht, dass ich das einfach so rausrücke! Fordern Sie die Hälfte des Wertes, dann mache ich mir Gedanken, ob ich hinfahre. Wenn nicht, lasse ich in meiner eigenen Hauswerkstatt suchen. Sie, Herr Mirbach, sollen natürlich auch Ihren Anteil daran haben." Diese klare Ansage gab ich dem Verkäufer weiter.

Offensichtlich hatte der Vorbesitzer schon mit dem Bezahlen eines Finderlohnes gerechnet und man erklärte sich einverstanden. Ich meldete also positiv zurück und bat Herrn v. H., den Termin direkt abzusprechen. Es war ja bei ihm um die Ecke. Damit waren wohl alle zufriedengestellt.

Im Anschluss an diese Aktion habe ich weder von Herrn v. H. über Jahre etwas gehört noch hat der Mercedesverkäufer mir jemals wieder Fahrzeuge angeboten. Erst sein Nachfolger, einige Jahre später, ließ wieder etwas von sich hören. Immerhin war ich laut Kundenkartei ja mal ein guter Kunde gewesen.

MIKA Mölln, die Restaurierungswerkstatt

1987 ergab sich in Mölln die Möglichkeit, auf dem Güterbahngelände die Hallen eines großen Landmaschinenhandels zu kaufen. Die hundert Jahre alte Firma „Warncke Landmaschinen" erlebte einen starken Niedergang. Durch die Subventionspolitik und den undurchsichtigen Förderungsdschungel waren viele Bauern gezwungen, ihre Betriebe aufzugeben oder nur noch im Nebenerwerb die familieneigene Landwirtschaft zu betreiben. Das große Höfesterben schlug natürlich auf die Lieferanten durch und der Bedarf an Treckern und Mähdreschern nahm deutlich ab. So kamen wir zu wunderbar lichtdurchfluteten großen Hallen mit Tiefgarage. Erst dachte ich nur an eine Nutzung als Lagerhalle, aber zusammen mit meinem Werkstattleiter, Tim Kampschulte, entwickelte sich die Idee, dort eine Restaurierungswerkstatt einzurichten. Wie oft hatte ich mich über die Reparaturbetriebe geärgert, denen die Liebe zum alten Auto völlig fehlte. Zu suchen und einen Fehler zu entdecken und diesen dann auch zu beheben, war im normalen Ablauf einer modernen Werkstatt nicht vorgesehen. Die heutigen Mechaniker waren angehalten, Teile zu tauschen, Reparaturen waren gar nicht erwünscht und häufig auch gar nicht möglich. Auch musste man für verschiedene Arbeiten das Auto von einem Betrieb zum anderen bringen, das kostete Zeit und barg neue Gefahren. Wir begannen, den Gedanken eines umfassenden Restaurierungsbetriebes mit diversen Spezialisten reifen zu lassen, und warben nach und nach Spengler, Blechner, Motorspezialisten, Morten, einen dänischen Produktdesigner zum Anfertigen von Modellen, und Volkan, einen türkischen, begnadeten Allroundmann, an. Ein Fahrer und eine Sekretärin rundeten das Team ab.

Ganz schnell stellten sich die ersten Kunden ein, offensichtlich hatten wir in Norddeutschland eine Marktlücke gefunden. Ein sehr lieber Kunde und Freund wurde uns Herr T., Motorjournalist bei der „Welt" und der „Welt am Sonntag". Selbst Porschesammler und -schrauber, nutzte er unser historisches Gelände mit Kopfsteinpflaster, Rampe und allen vorhandenen Möglichkeiten, um neue Fahrzeuge für seine Berichte zu testen und zu fotografieren. Nebenbei schraubte er dann schnell noch an seinem eigenen Porsche 356 Speedster. Zur damaligen Zeit aßen wir immer mit allen Monteuren bei uns zu Hause Mittag. Wir nutzten diese Zeit, um die anliegenden Dinge zu besprechen und gemeinsam das Vorgehen bei komplizierten Objekten zu erörtern. Herr T. liebte diese Mittagsdiskussionen und erhielt viele Insidertipps. Genau wie andere Kunden wollte er sein Auto verstehen und mindestens einfachere Arbeiten selbst erledigen. Besuche der großen Ralleys standen an, wir begleiteten unsere Kunden zur Mille Miglia und zur Eisralley, andere Kunden fuhren Oldtimerrennen und benötigten Unterstützung.
Mölln als Kleinstadt im Zonenrandgebiet verlor wirtschaftlich immer mehr an Attraktivität, aber touristisch lebte die Stadt auf. Trotzdem schränkte die Bundesbahn den Bahnverkehr auf diesen kleinen, abgelegenen Strecken ein. So war die an unser Gelände angrenzende Halle, früher einmal als Frachtlager genutzt, inzwischen ohne Verwendung. Wir bemühten uns um einen Kauf. Wie viele Bahngebäude in Schleswig-Holstein stammten der Bahnhof und die übrigen Gebäude aus der Gründerzeit. Vermutlich um 1900 erbaut, hatte die Halle schöne Gebäudedetails wie geschnitzte Balken, geschmiedete Geländer und einen massiven Gewölbekeller. Das alles konnten wir gut gebrauchen. Nun war es in Deutschland nicht ganz einfach, eine in Staatsbesitz befindliche Immobilie zu kaufen. Preisfindung, Bekanntmachung in amtlichen Blättern, ein undurchsichtiges Auswahlverfahren und dann endlich der Zuschlag, alles dies hatte sich zeitlich sehr in die Länge gezogen.
Schließlich, im Sommer 1989, – die Montagsdemonstrationen in der

DDR waren in vollem Gange – kam der Kaufvertragsentwurf. Wir wunderten uns, dass dieses Projekt unverwandt fortgeführt wurde, da offensichtlich doch eine große Veränderung in der Luft lag. Michail Gorbatschow, seit 1985 neuer Präsident der Sowjetunion, schlug nie gekannte Töne an. Perestroika und Glasnost, Transparenz in den Entscheidungen und freie Presse sowie eine Umgestaltung der Wirtschaft waren jetzt die aktuellen Begriffe. Gebannt schauten wir auf das Geschehen. Welchen Einfluss würde diese politische Veränderung auf die Bundesrepublik und die allgemeine wirtschaftliche Entwicklung bei uns haben? In den beiden letzten Jahren hatte ich ein sehr komfortables Geschäft gehabt. Der Restaurierungsbetrieb war ausgelastet

Die Anfänge der MIKA in der ehemaligen Ausstellungshalle eines Landmaschinenhandels in Mölln am Bahnhof

und zu Hause hatte ich ein großes, für damalige Zeiten sehr modernes Büro eingerichtet. Wir arbeiteten mit einem Telex und einem Faxgerät, das Faxgerät war in der Lage, gleichzeitig an 100 Empfänger eine Botschaft zu senden, damals eine enorme Neuerung. So konnten wir unsere Angebote schnell weit verbreiten. Sehr gut lief der Export nach Skandinavien. Unsere schwedischen und norwegischen Kunden wollten ganz bestimmte Modelle kaufen und die Schwierigkeit lag mehr im Besorgen der gewünschten Autos als im Verkauf. Oft fuhren wir in dieser Zeit nach Berlin, damals noch eine von der DDR eingeschlossene Stadt.

Rechts die Bahnschienen zwischen Lübeck und Lüneburg, im Hintergrund die alte Packhalle des Möllner Bahnhofes – unsere Firma MIKA

Im Jahre 1989 konnte man nun hautnah die atmosphärischen Veränderungen spüren. Diese martialische Grenze, direkt im Rücken des Herzogtums Lauenburg, war eine traurige Realität. Schwerin und Rostock waren für uns weiter weg als Sidney oder Rio de Janeiro. Auch hatten wir keine Verwandten oder sonstigen Beziehungen in die DDR, es bestand also kein Grund, dorthin zu schauen oder gar reisen zu wollen. Jetzt sahen wir aber im Fernsehen aufmerksam die Bilder der großen Montagsdemonstrationen von Leipzig, Ostberlin und Rostock. In Mölln und Ratzeburg waren vor einiger Zeit die alten Straßenhinweisschilder nach Gadebusch und Schwerin abgebaut worden, alle Straßen endeten am Zaun, die undurchdringliche Grenze war eine Tatsache, an der nicht zu rütteln war. Aber jetzt tat sich offensichtlich etwas. Der Ruf „Wir sind das Volk" wurde laut und prägte sich ein.

Grenzöffnung, 9. November 1989

Im Sommer 1989 holten wir in Berlin einen Porsche 928 ab. Ich mochte mich nicht in dieses tiefe, schnelle, unbequeme Auto zwängen, daher musste meine Frau mit roter Nummer vor mir her durch die DDR fahren. An der Raststätte Stolpe hielten wir, um eine Kleinigkeit zu essen, sie hatte einen ganz guten Ruf, war aber von sehr wechselhafter Qualität. Es kam ein Ehepaar an unseren Tisch und fragte: „Sind Sie Bürger der BRD?" „Ja." „Wir haben nämlich einen Ausreiseantrag gestellt und rechnen damit, bald in die BRD ausreisen zu dürfen. Wie ist es denn so in Lübeck und Hamburg?" Bereitwillig gaben wir Auskunft und berichteten vom Leben im Westen. Uns interessierten natürlich auch die Lebensumstände des Ehepaars J. und so war bald ein reges Gespräch im Gang. Wir alle wussten, dass dort auf der Raststätte abgehört wurde, aber wir hatten nichts zu verbergen und den sozialistischen Staat wollten wir weder bestehlen noch ausspionieren. Es war doch alles so offensichtlich, die Unzufriedenheit der Menschen und die schlechte Versorgungslage. Herr J. war Autoelektriker mit jeder Menge Zusatzqualifikationen. Wir konnten so einen Mann in unserer Firma gut gebrauchen und gaben ihm unsere Adresse.
Beim Passieren der Grenze in Gudow/Zarrentin wurden wir dieses Mal besonders intensiv durchleuchtet. Hatte das mit unserem Gespräch auf der Raststätte zu tun? Das grelle Licht, welches einen am Kontrollposten umfing, ließ jede Pore erkennen und am späten Abend war das umfangreiche Gefrage wirklich nicht angebracht. Unfreundlich wurde nach unseren Pässen gebellt und ein Mensch hinter einer nicht einsehbaren dunklen Scheibe mit Riesenmütze fragte auch sonst noch allerlei. Meine Frau verlor langsam die Geduld und fragte genauso bissig zurück: „Wie lange soll dieses Theater eigentlich noch gehen? Ich möchte gerne nach Hause, nach Mölln!" Daraufhin fragte

der Grenzer, nun etwas höflicher und wirklich interessiert: „Wie weit ist es eigentlich nach Mölln? Kann man da gut einkaufen?" Es tat sich etwas im Staate der Deutschen Demokratischen Republik. Nach einem kurzen Gespräch und der Wegbeschreibung zu unserem Ladengeschäft entließ er uns mit einem „Bis bald!".
Zum Geburtstag meiner Frau am 4. November 1989 fuhren wir nach Travemünde, um im „Restaurant über den Wolken", im obersten Stock des Maritim Hotels, ein wenig zu feiern. Man hat von dort einen grandiosen Blick über die gesamte Lübecker Bucht. Im Westen war alles hell erleuchtet, im Osten sah man nur die Lichterkette entlang der Demarkationslinie auf dem Priwall und in der Ferne die seit einigen Jahren existierende Grenzübergangsstelle von Lübeck-Schlutup nach Selmsdorf. Alles andere blieb dunkel, keine Ortschaften oder einzelnen Lichter waren zu sehen. Überall in Travemünde hingen Plakate mit der Aufforderung, eine Schifffahrt zum Weihnachtsmarkt nach Rostock zu machen. Im Zuge des kleinen Grenzverkehrs mit Zwangsumtausch von 25 D-Mark in Ostmark war der Besuch seit einigen Jahren möglich.
1989 wollten wir es endlich einmal wagen und den anderen Teil Deutschlands kennenlernen. Bis zum Weihnachtsmarkt mussten wir dann nicht mehr warten. Für uns völlig überraschend kam das Ende der DDR am 9. November 1989 abends. Die Montagsdemonstrationen hatten Wirkung gezeigt und der Druck der Sowjetunion unter Gorbatschow auf die Altmännerriege des Politbüros hatte ein Übriges getan. Inzwischen gab es Pressekonferenzen, auf denen unvorbereitet auf die Fragen der Weltpresse geantwortet wurde – eine Kehrtwendung im Verhalten der Führung des Landes. Bisher waren nur vorher eingereichte Fragen beachtet worden, jetzt wurde mit einem Mal aus dem Stegreif geantwortet. Vor einigen Tagen hatten in Ostberlin etwa eine Million Menschen für Reise- und Pressefreiheit demonstriert und das Politbüro musste reagieren.
An diesem Abend des 9. November waren die Fragen der Journalisten bisher mit den üblichen, langweiligen Phrasen beantwortet worden.

Aber dann: ein italienischer Korrespondent, Riccardo Ehrman, fragte vor laufenden Kameras nach den neuen Reiseregelungen für DDR-Bürger. Günter Schabowski, Mitglied des Politbüros, der die Pressekonferenz leitete, kramte einen Zettel aus der Tasche und antwortete mit drei Sätzen, die das Ende des „antifaschistischen Schutzwalls" in Berlin und das Ende der ca. 1.400 Kilometer langen, unüberwindlichen Grenze durch Deutschland einläuteten. Der fragende Journalist und alle Anwesenden glaubten ihren Ohren nicht trauen zu dürfen:

Auf der Grenzerbude brennt der Weihnachtsbaum und die Leute lassen sich nicht mehr abhalten, den jeweils anderen Teil Deutschlands kennenzulernen. Kurz nach Weihnachten bei Marienstedt, Herzogtum Lauenburg, am provisorischen Übergang nach Zarrentin, Mecklenburg

„… haben wir uns dazu entschlossen, heute eine Regelung zu treffen, die es jedem Bürger der DDR möglich macht, über Grenzübergänge der DDR auszureisen." Sofort prasselten Fragen auf Schabowski ein: Ab sofort? Mit welchen Papieren? Über welche Übergänge – auch nach West-Berlin? „Privatreisen nach dem Ausland können ohne Vorliegen von Voraussetzungen … beantragt werden." Und auf erneute Nachfrage: „Das tritt nach meiner Kenntnis, ähh, ist ab sofort, unverzüglich."

Wie sich später herausstellte, sollten Bedingungen und schwierige Formalitäten an eine solche Ausreise oder Privatreise in den Westen geknüpft werden, aber mit dem Vorpreschen von Günter Schabowski war die Katastrophe für die DDR nicht mehr aufzuhalten. Reuters verbreitete als erste Nachrichtenagentur diese Meldung und nach kurzer

Zeit kam verkürzt folgende Nachricht zur besten Sendezeit auf allen Kanälen: „Die DDR öffnet Grenzen sofort!"
Am Grenzübergang Bornholmer Straße, mitten in Berlin in einem dicht bewohnten Viertel, drängten innerhalb einer Stunde Tausende Menschen an den Schlagbaum und forderten ihr Recht, so wie live im Fernsehen verkündet. Das Ministerium für Staatssicherheit hatte folgende Devise ausgegeben: So viele Leute wie möglich nach Hause schicken, nur die Drängler rauslassen. Aber der Versuch, diesem Befehl nachzukommen, heizte die Stimmung nur noch mehr auf. Rufe erschallten: „Tor auf, Tor auf". Die wenigen Grenzbeamten konnten gegen die Übermacht des Volkes nichts mehr ausrichten und „fluteten". Die Mauer war endgültig gefallen.
Wie so häufig im Laufe der Geschichte hat eine Kleinigkeit eine große Umwälzung der Verhältnisse herbeigeführt. Während wir noch unschlüssig rätselten, welche Folgen dies haben würde, nahmen die DDR-Bürger ihr Schicksal in die Hand, setzten sich in ihren Trabi oder Wartburg und brachen auf, erst nach West-Berlin und dann nach Westdeutschland. Die Posten an der Grenze kontrollierten Papiere – wozu eigentlich –, offensichtlich hatte man die Grenzer allein gelassen. Sie erteilten nach Gutdünken Stempel und Genehmigungen und ließen die Menschen unbehelligt passieren. Auch das Politbüro und das gefürchtete Ministerium für Staatssicherheit, welches doch alles zu beherrschen meinte, hatten mit so einer Massenbewegung nicht im Entferntesten gerechnet und konnten dem nichts mehr entgegensetzen. Menschenverachtende Sperren und Selbstschussanlagen verloren über Nacht ihren Schrecken.
Unglaublich, was wir im Fernsehen live miterlebten, stundenlang hockten wir vor dem Gerät und konnten gar nicht ausschalten. Die ersten Mutigen hatten schon die Mauer erklettert und skandierten: „Die Mauer muss weg!" Mit einfachsten Geräten und Werkzeugen wurde der „antifaschistische Schutzwall" bearbeitet und zeigte nach kurzer Zeit die ersten Löcher. Hier brach sich Volkes Wille Bahn, der nur noch mit Waffengewalt hätte gestoppt werden können. Noch vor

ein paar Jahren wären die russischen Truppen zu Hilfe gekommen, aber 1989, als auch schon Ungarn und die Tschechoslowakei die Grenzen durchlässiger gemacht hatten, fanden die Falken kein Gehör mehr. Alles blieb friedlich, Berlin wurde für einige Zeit zum Mittelpunkt des Weltgeschehens. Die Idee des Sozialismus oder Kommunismus sowjetischer Prägung wurde spektakulär zu Grabe getragen. Die Mauerspechte leisteten ganze Arbeit, und schneller als gedacht, war die Mauer weg.

Der Warschauer Pakt, das militärische Bündnis der Ostblockstaaten, war bereits seit Anfang der 80er-Jahre durch die Solidarność in Polen angeschlagen und zum zahnlosen Tiger geworden. Durch den Wegfall der sowjetischen Rückendeckung waren die alten Männer im scherzhaft „Palazzo Prozzi" genannten Palast der Republik zum Zuschauen verdammt. In Berlin fand am Brandenburger Tor eine große Party statt, im Rest der Bundesrepublik herrschte gespannte Erwartung.

Am Morgen des 10. November passierte in Mölln zunächst nichts. Alle hatten es im Fernsehen gesehen und die Zeitungen waren voll. Wir arbeiteten normal im Geschäft weiter, bis ich es nicht mehr aushielt und mich ins Auto setzte, um nach Gudow an den Autobahngrenzübergang zu fahren. Zusammen mit den westdeutschen Grenzern wartete ich dort eine ganze Zeit, kein Ostauto in Sicht. Nach Aussage der Grenzer waren aber schon zwei Autos problemlos rübergefahren. Von der Westseite aus konnte man die Abfertigung auf Ostseite nicht einsehen, sodass nicht klar war, ob niemand kam oder die Reisewilligen zurückgehalten wurden.

Etwas enttäuscht machte ich mich auf den kurzen Heimweg, hielt aber schnell am nächsten Parkplatz noch einmal an. Da standen die beiden: ein Wartburg Tourist und ein Škoda 1000 MB. Beide Modelle hatte ich vorher noch nicht in natura gesehen. Im grauen Wartburg Kombi saß ein Ehepaar, welches gerade die Thermoskanne aufschraubte. Die jungen Leute im orange-farbigen Škoda waren schon wieder im Aufbruch begriffen. Also klopfte ich kurzerhand an das Fenster des Wartburgs, die völlig überraschte Frau drehte ein wenig ängstlich die Scheibe etwas herunter: „Ja?" „Haben Sie mal hundert Mark?" „Ja, Moment. Gleich." Nervös nestelte die Frau an ihrer Handtasche, bis sie einen Hundertmarkschein fand und ihn mir zitternd herausreichte. „Danke, den möchte ich gerne mit Ihnen tauschen, gegen 100 D-Mark West." Ich zückte die Brieftasche und übergab den Hundertmarkschein. Zwischen Lachen und Weinen sprang die Frau aus dem Auto, vermutlich hatte sie mich für einen modernen Wegelagerer gehalten, und umarmte mich spontan. Schnell kamen wir ins Gespräch und es stellte sich heraus, dass die beiden ihre fast unbekannten Verwandten in Hamburg besuchen wollten und Geschenke dabeihatten. Hübsche, selbst gehäkelte Deckchen, Sterne für den Weihnachtsbaum und andere selbst gemachte Dinge. Spontan schenkten sie mir die Hälfte davon, Abwehr war unmöglich. Heute freue ich mich jedes Jahr zu Weihnachten, wenn ich diese Sterne an unserem Weihnachtsbaum sehe, und muss natürlich an diese erste Begegnung denken.

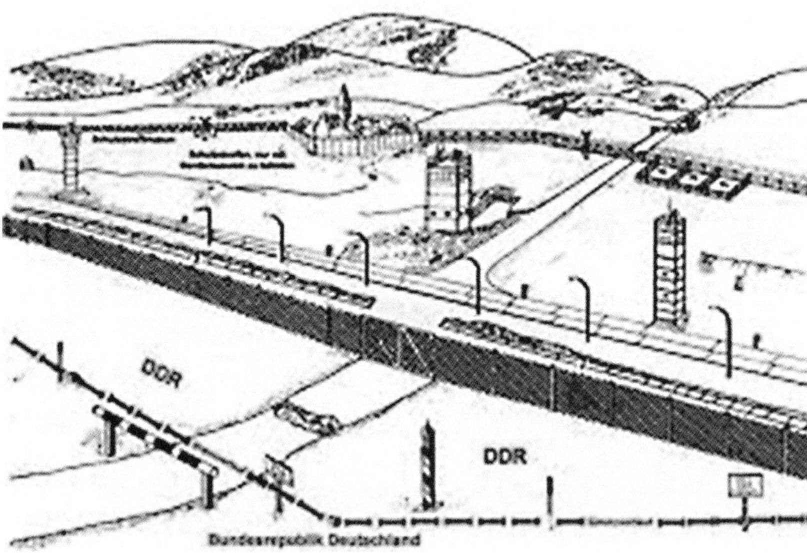

Ein Querschnitt durch die Grenzanlagen – in 30 Jahren immer mehr perfektioniert, sodass ein „illegaler Grenzübertritt" von Ost nach West unmöglich wurde.

Eine neue Welt tut sich auf

Die erste Bekanntschaft mit Bürgern der DDR im Westen war geschlossen. Ich war sehr aufgewühlt, fuhr zurück in den Betrieb nach Mölln und musste unbedingt berichten, was ich erlebt hatte. In unserer kleinen Stadt war immer noch gespannte Ruhe. Wann würde es losgehen? Zusammen mit meiner Frau und meinen beiden Schwägern, der eine Inhaber eines Opel-Ladens und der andere stolzer Besitzer eines VW-Audi-Ladens am gleichen Standort, beratschlagten wir, was zu tun sei, um die Brüder und Schwestern angemessen zu empfangen. Wir wussten, dass Obst, Schokolade und Kaffee in der DDR Mangelwaren waren, also fuhren wir zu den verschiedenen Supermärkten in Mölln und kauften Bananen und alle möglichen Genussmittel ein. Am Nachmittag veränderte sich das Stadtbild der norddeutschen Kleinstadt dann rasant. Es war kalt und regnerisch und neblige Novemberluft lag wie Blei über der Landschaft. Graue, blaue, hellgrüne und beige Trabis und Wartburgs beherrschten jetzt das Stadtbild, alles wurde zugeparkt. Die sonst so pflichtbewussten Politessen schauten verwundert zu. Die Luft roch nach Zweitakter-Gemisch und blaue Abgaswolken waberten durch die Straßen.
Meist blieben die Menschen erst einmal im Auto sitzen und versuchten zu begreifen, dass dies kein Traum, sondern Realität war. Die Männer stiegen zuerst aus und sondierten das Terrain. Anschließend schlenderten dann die Familien durch die kleinen Einkaufstraßen und fanden schnell den Weg zu den Autohäusern. Das Auto, des Deutschen liebstes Kind, stand hier in allen Farben und Formen mit interessanten Extras sofort zum Mitnehmen. Ungläubig hörten wir, dass man in der DDR 16 Jahre auf einen neuen Trabant warten musste. Wartburg, Škoda oder Lada waren noch schwerer zu bekommen, und egal wie alt und marode ein Auto war, es fand immer noch einen geneigten Käufer zu

einem guten Preis. Diese lustigen kleinen Autos aus Plaste sollten so schwer zu bekommen sein?
Der Trabant, gefertigt in den ehemaligen Auto-Union-Werken in Sachsen, sollte als preiswerter und robuster Kleinwagen der Bevölkerung zur Verfügung stehen. Während Anfang der 50er-Jahre in der Bundesrepublik der VW-Käfer Erfolge feierte, kämpfte man im Osten mit Materialknappheit und fehlendem technischen Know-how. Zu dieser Zeit versuchte die DDR noch mit der Bundesrepublik wirtschaftlich zu konkurrieren, erfolglos, wie man an den Flüchtlingszahlen leicht ablesen konnte. In dieser schwierigen Situation kam das Politbüro auf die Idee, die Bevölkerung mit dem Trabant ein wenig ruhiger und zufriedener zu stellen. Tiefziehbleche, die man zur Produktion eines Metallautos benötigte, standen bei den westlichen Ländern auf der Embargoliste. Man musste also einen Ersatzstoff finden und nahm sich den in Bremen gefertigten Lloyd als Vorbild.
So kamen findige Köpfe auf die simple Idee, die Karosserie zum Teil aus baumwollverstärktem Phenoplast zu fertigen, Baumwolle lieferte die Sowjetunion. Die ersten Modelle des Trabant 500 und der P50 hatten 0,5 l Hubraum und 13 bis 15 KW. Der 1989 gebräuchliche „Typ 601“ als zweitürige Limousine oder auch als Kombi „601 universal“ mit umklappbaren Rücksitzen und einer Ladekapazität von 1.400 Litern besaß einen Zweitaktmotor mit 0,6l Hubraum und 17 bis 18 KW. Seit 1964 wurde er in Serie mehr oder weniger ohne Veränderungen gebaut. Etliche konstruierte Weiterentwicklungen gingen nie in die Produktion, da sie entweder politisch nicht gewollt oder wirtschaftlich schwer zu realisieren waren. Es blieb also bis zur Auflösung des VEB (Volkseigener Betrieb) Sachsenring beim Bau des Typs 601, nur ergänzt von einer kurzen Produktionszeit zwischen 1989 bis 1991 vom Trabant 1.1, ohne sichtbare Veränderungen an der Karosserie. In dieses Modell wurden in erster Linie technische Verbesserungen eingebaut, das wichtigste Detail: der in Lizenz von VW nachgebaute 1,3-l-Polomotor. Aber es war eindeutig zu spät, die Zeit der Plaste und Elaste war abgelaufen. Die Nachfrage nach dem Trabant 1.1 war gleich null, für das

gleiche Geld konnte man jetzt ein gut ausgestattetes Westauto erwerben. Anfang 1990 war dann sehr schnell klar, dass zwei so unterschiedlich gepolte Staaten direkt nebeneinander nicht existieren konnten und es zu einer Währungsunion kommen musste. Warum sollten gut ausgebildete Bürger der DDR weiterhin für inzwischen fast wertloses Geld arbeiten, wo doch nebenan die D-Mark lockte? Es gab im Westen genug Arbeitsstellen, die auf leistungsbereite Mitarbeiter warteten, die Abstimmung mit den Füßen zwang die Regierungen zur Währungsunion, welche am 1. Juli 1990 vollzogen wurde. Bereits vorher, etwa ab März, erhielten die Bürger der DDR bei unseren örtlichen Banken Kredit auf die vorhandenen Bankguthaben. Pro Person wurden die ersten 5.000 Ostmark 1:1 in D-Mark getauscht, der Rest im Verhältnis 3:1 (3 Ostmark gegen eine D-Mark). Ja, über Geld und Guthaben verfügten die meisten. Man hatte in der Deutschen Demokratischen Republik in fast allen Arbeitsbereichen ein ähnliches Einkommen, die sozialen Unterschiede waren am Arbeitseinkommen kaum auszumachen, egal ob Ärztin oder Facharbeiter, das Gehalt lag irgendwo zwischen 600 und 800 Mark.
Das tägliche Leben war billig, Wohnungsmieten lagen zwischen 30 und 100 Mark, man sparte, da es nichts Nennenswertes zu kaufen gab. Eher schon funktionierten die Tauschgeschäfte nach der sozialistischen Parole: „Holt aus den Betrieben raus, was rauszuholen ist!" und „Freitag ab eins macht jeder seins". Agrarprodukte, welche die Menschen auf dem Lande bei den Kaufhallen hinten anlieferten, brachten dem Erzeuger einen guten Preis ein. Vorne im Laden war das gleiche Produkt durch die Subventionspolitik billiger zurückzukaufen. Die privaten Schweine wurden gerne mit Brot gefüttert, da es kaum einen Preisunterschied zu dem Grundprodukt Getreide gab. Jedem einigermaßen normal denkenden Menschen war klar, dass das irgendwie falsch war.
So wurde am 3. Oktober 1990 der offizielle Startschuss zur Währungs-, Wirtschafts- und Sozialunion gegeben, die DDR existierte nicht mehr. Ich habe nie verstanden, warum man nicht das Schicksals-

datum der Deutschen, den 9. November, also den Tag der Grenzöffnung, hierfür gewählt hat. Was hat unseren damaligen Bundeskanzler, Helmut Kohl als studierten Historiker, bloß bewogen, den 3. Oktober zu wählen? Die vorausgesagten „blühenden Landschaften"?

Doch erst noch einmal zurück zum Freitag, den 10. November 1989. Die Regierung der Bundesrepublik hatte sich entschlossen, das Begrüßungsgeld von 100 DM jedem DDR-Bürger auszuzahlen. Das Begrüßungsgeld, eingeführt während der deutschen Teilung, für Bürger der DDR und nachweislich deutschstämmige Bürger der Volksrepublik Polen, war eine Regelung, welche mit geringen Besucherzahlen gerechnet hatte. Gegen Vorlage des Personalausweises oder des Passes wurde das Geld in Rathäusern und lokalen Banken einmal im Jahr ausgezahlt. 1989 wurde etwa 1 Milliarde DM als Begrüßungsgeld für ca. 16,4 Millionen DDR-Bürger ausgegeben, überwiegend in West-Berlin und den Zonenrandgebieten, wie bei uns in Mölln. Da die DDR-Bürger häufig Kenntnis von dieser Regelung hatten und es sich bei den Unwissenden sofort herumsprach, bildete sich schnell eine lange Schlange vor dem Rathaus.

Volle Geschäfte waren die Folge. Aber wie uns später viele Menschen erzählten, waren sie nicht in der Lage, den Schatz sofort wieder auszugeben. Zu wertvoll erschien ihnen der Besitz des Hundertmarkscheins. Außerdem fanden sie an ihren Fahrzeugen Bananen und Schokolade vor, oder sie wurden spontan von Fremden zum Essen oder nach Hause eingeladen. Die ehrliche Freude über dieses unverhoffte Ereignis der Grenzöffnung ließ Freundschaften entstehen, die lange hielten.

Die Lebensumstände und für uns natürlich die Autos der sozialistischen Länder waren von großem Interesse. Einfach zu reparieren, ohne große technische Herausforderungen einerseits, anderseits aber auch nur auf niedrigem Sicherheitsniveau, häufig ohne Gurte und vom Design eher schlicht gehalten. Trotzdem erfüllten sie ihren Zweck, den Besitzer von A nach B zu bringen. Wir lernten neue Marken und Modelle kennen und die Gäste bewunderten unsere Hightechprodukte.

Unser Gelände in Mölln in den 60er-Jahren des letzten Jahrhunderts, als eine Tankstelle noch ein lukratives Geschäft war!

Mehr Kunden als verfügbare Autos? Die Zeiten eines Verkäufermarktes in Westdeutschland waren lange vorbei. Die westdeutschen Autohändler staunten nicht schlecht über dieses große Interesse, zumal 1989 ein wirtschaftlich schwieriges Jahr für den Autohandel gewesen war. Es gab ein veritables Gebrauchtwagenproblem, ältere Modelle fanden nur schwer einen neuen Besitzer und auch manche Neuwagenmodelle waren nur mit erheblichen Klimmzügen wie Preisnachlässen, Tageszulassungen oder Beigaben zu verkaufen. Sollte sich hier etwa ein neuer Markt auftun?

Wir sind ein Volk

Ein hochemotionaler Tag neigte sich dem Ende zu und wir fuhren erschöpft nach Hause. Die Bilder im Fernsehen zeigten Menschen auf der Mauer, dem Symbol der deutschen Teilung. Wie war es möglich? Bis gestern Morgen funktionierte der Schießbefehl, welchen die Führungsriege bis in die Gegenwart leugnet, heute leisteten die Mauerspechte ganze Arbeit. Vor dem Brandenburger Tor und auf dem Kudamm wieder Massen von Menschen, Schlangen und Staus auf den Autobahnen, Geschichte wurde geschrieben und wir waren mittendrin. Spätabends wollten wir endlich ins Bett gehen, da klingelte es. Vor der Tür das Ehepaar J., welches wir auf der Raststätte Stolpe vor einigen Wochen kennengelernt hatten, mit drei Kindern und Umzugsgut. Wir konnten nicht anders, als die fünf Personen herzlich zu empfangen und schnell noch Betten zu bauen. Der alte, grüne Moskwitsch pfiff aus dem letzten Loch. Vollgeladen mit allem Hausstand schaffte er es gerade noch bis auf den Hof, dann war Schluss.

Am nächsten Tag sollte alles besprochen werden. Unsere größeren Kinder mussten zur Schule gehen, die drei anderen, zwei im schulpflichtigen Alter und ein etwa Einjähriger, freuten sich laut und fröhlich über die unverhofften Ferien. Unser großes verschachteltes Haus bot viele Spielmöglichkeiten, das Klavier machte schöne, laute Töne und es gab allerhand unbekannte Dinge zu essen. Herr und Frau J. freuten sich mit ihren Kindern und genossen unser schönes Heim. Für ernsthafte Gespräche war es noch zu früh.

Wenn wir abends nach einem anstrengenden Arbeitstag nach Hause kamen, wurden wir schon bei Kaminfeuer im Wohnzimmer empfangen, man hatte uns auch einige Mandarinen übrig gelassen, die Holzkiste verbrannte gerade knisternd im Kamin. Eine gute Flasche Rotwein aus dem Keller stand bereits geleert auf dem Tisch. Unsere hilfsbereite Haushälterin, die schon viele Jahre bei uns war, kochte gerne mittags auch die Leibspeisen der vielköpfigen Schar. Herr J. konnte sich noch nicht entschließen, die angebotene Stelle in unserer Firma anzunehmen, da er sich erst richtig mit seiner Familie akklimatisieren wollte. Nach 14 Tagen drängten wir darauf, dass die Kinder ebenfalls regelmäßig zur Schule gehen sollten, was dann auch passierte. Frau J. wollte sich aber gerne noch ein wenig von den Strapazen der letzten Zeit erholen und nutzte die Zeit für Fahrten nach Lübeck und Hamburg, um sich über das umfangreiche, internationale Warenangebot einen Überblick zu verschaffen.
Inzwischen waren auch die vielen alten, noch vorhandenen Straßen in Richtung Osten nach und nach geöffnet worden, und man konnte ohne Umwege auf den schmalen Verbindungen nach Schwerin und Wismar fahren, was Herr J. rege ausnutzte. Sein Haus in Wismar war zwar verkauft, aber er hatte viele Gegenstände bei Freunden und Bekannten eingelagert, Dinge, die er jetzt nach und nach holte. Unsere Garage füllte sich immer mehr. Die ursprünglich bekundete Angst vor dem Staat DDR rückte schnell in den Hintergrund und auch die Sorge, dass diese Grenzöffnung nur eine kurze Episode sein würde und alles noch einmal kippen könnte, verflog, je mehr Zeit ins Land ging. Glücklicherweise entschloss sich die Familie, über Weihnachten nach Hause zu fahren, und danach wollten wir dann alles Weitere besprechen.
Am 24. Dezember 1989 fiel der Zwangsumtausch (25 DM für 25 Mark Ost) für Westbürger weg und man konnte zu Fuß über einige Kontrollstellen die grenznahen Orte in Mecklenburg erkunden. Wir entschlossen uns, nach Zarrentin am Schaalsee zu pilgern. Am Heiligen Abend hatten wir den dortigen Grenzern der DDR-Grenztruppen einen kleinen Kuchen gebacken und frohe Weihnachten gewünscht,

Im Gasthof „Vier Linden" in Zarrentin Weihnachten 1989

jetzt erhielten wir von ihnen den Stempel und durften zu Fuß durch den Zaun und über den vor Kurzem freigeräumten Minenstreifen und dann durchs Niemandsland. Es beschlich uns ein eigenartiges Gefühl – wie viele Menschen hatten wohl von Osten aus versucht, diese Grenze zu überwinden, möglicherweise genau an dieser Stelle, und waren gescheitert?

Die Grenze auf dem Lande war bereits seit Anfang der 50er-Jahre immer mehr perfektioniert worden, eine undurchdringliche Mauer von äußerem Zaun, Todesstreifen, Hundelaufanlagen, Autosperren und innerem Zaun wurde nach und nach durch ganz Deutschland gezogen. Es kam zu Grenzbegradigungen über Nacht, sodass sich Menschen mit einem Mal auf der anderen Seite des Zaunes wiederfanden – so geschehen im Bereich des Schaalsees.

Nach dem Mauerbau im August 1961 wurden zahlreiche Gebäude auf der Ostseite abgerissen, wohl, weil sie zu sehr nach Westen schauten. Zwangsumsiedlungen bei Nacht und Nebel ohne Ankündigung, man durfte nur mitnehmen, was man in wenigen Stunden zusammenraffen konnte. Es wurde eine fünf Kilometer breite Sperrzone an der Grenze eingerichtet, nur passierbar für ausgewiesene Bewohner der Gegend. Ein illegaler Grenzübertritt, wie die Flucht auf ostdeutscher Seite genannt wurde, war damit fast unmöglich.

Hier gingen wir jetzt lang und konnten es eigentlich noch nicht richtig glauben. Es war kalt und der Weg nach Zarrentin ziemlich weit. Dort angekommen, schauten wir uns den kleinen, idyllisch am Schaalsee gelegenen Ort an und kehrten in der Gaststätte „Vier Linden" an der Kirche ein. Hier war sogar der Saal geöffnet, um den vielen Menschen ein warmes Plätzchen zu bieten. Ein schneller Kaffee mit viel Kaffeesatz und wieder hinüber, es dämmerte schon und der Trassenweg war unbeleuchtet. Unwirklich stapften wir durch die Dunkelheit und kamen uns ein bisschen wie Flüchtlinge vor, bloß nicht vom Wege abkommen, hier gab es überall Minen. Zum Glück hatte man in diesem Grenzabschnitt die kräftigen Strahler der Grenzsicherungsanlagen angeschaltet, sodass wir nach einigen Kilometern wieder ein Ziel vor Augen hatten. Jahrelang hatten wir im Herzogtum Lauenburg gewohnt und nichts vermisst und jetzt tat sich ein ganz neues Land direkt vor unserer Haustür auf, es war überwältigend.

Einige Tage nach Weihnachten tauchte Familie J. wieder bei uns auf und bezog die vertrauten Zimmer. Nach den Tagen in Wismar waren sie sich nicht mehr so sicher, ob sie tatsächlich in den Westen übersiedeln wollten. Für sie war es einfach noch zu früh, eine Entscheidung zu treffen. Das sahen wir etwas anders und erwarben kurzerhand ein kleines Reihenhaus, um die fünfköpfige Familie dort unterzubringen. Der Autoelektriker und Allroundhandwerker Herr J. wollte die nötigen Restaurierungsarbeiten selbst durchführen, geriet aber mit den zeitlichen Planungen ein wenig ins Hintertreffen, sodass wir örtliche Fachhandwerker beauftragten, die Arbeiten durchzuführen, nur die Küche wollte er sich auf keinen Fall nehmen lassen. Wie oft hatte er sich in seinem Haus in Wismar geärgert, dass Steckdosen fehlten oder an der falschen Stelle angebracht waren. Endlich einmal wollte er eine vernünftige Elektrik genau dort, wo man sie benötigte, installieren. Leider waren ihm aber die schlichte Anzahl der in einer Küche vorhandenen elektrischen Geräte und deren Standorte nicht klar, aber darüber sahen wir großzügig hinweg und ersehnten den Tag des Umzugs. Endlich, im März 1990, war es so weit und wir hatten unser trautes Heim, Glück allein, wieder.

Da Herr J. sich noch nicht entschließen konnte, unser oder ein zweites Jobangebot anzunehmen, stellten wir einen sehr fähigen Automechaniker aus Lübz in Mecklenburg ein – er ist auch im Jahre 2014 noch für uns tätig.

Obwohl es für die Angehörigen der „Rabotsche-krestjanskaja Krasnaja armija", kurz „Rote Armee", eigentlich nicht gestattet war, siegte bei vielen die Neugier und sie fuhren in den Westen. Wir lernten den sympathischen Gennadi aus Baku im südlichen Kaukasus kennen. Verheiratet mit einer Schwerinerin, sprach er gut Deutsch und kannte die Verhältnisse in der Sowjetunion sehr gut. Seine Sprachkenntnisse und sein Wissen um Land und Leute sollten später für uns sehr wertvoll werden. Da Anfang 1990 bald klar wurde, dass die russischen Truppen den Ostteil Deutschlands verlassen würden, war er auf der Suche nach einer neuen Arbeit. Kaufen und verkaufen lag ihm im Blut. Er war überzeugt davon, dass sich ein riesiger Markt auftun würde, wenn in Russland erst einmal Geld gemacht werden konnte.

Wir waren skeptisch. Man hörte von Elend und Lebensmittelknappheit, von Kälte und nicht mehr produzierenden Fabriken. Arbeitslosigkeit, Alkoholismus und Armut beherrschten in den Fernsehbildern den russischen Alltag unter Gorbatschow. Besonders Kinder und alte Menschen litten unter dem Verschwinden der staatlichen Ordnungsmächte. Sicherlich war Russland ein rohstoffreiches Land und natürlich gab es auch Regionen, die nicht ständig von Schnee und Eis bedeckt waren, aber hatte nicht die Kaste der sowjetischen Funktionäre, die Nomenklatura, alles unter sich aufgeteilt? Mehr als 60 Jahre Kommunismus sowjetischer Prägung hatte die Menschen lethargisch gemacht und speziell in den 1980er-Jahren war das Leben immer schwieriger geworden, die meisten Menschen trauerten der Breschnew-Ära hinterher. Leistung lohnte sich nicht mehr, nur über die Partei und über Posten in den Betrieben konnte man einen gewissen Wohlstand erlangen, und dies wiederum ging nicht ohne Protektion, Provision und Korruption. Bis wir begriffen: Russland war das Land der etwas anderen unbegrenzten Möglichkeiten.

Lada, der Mercedes des Ostens

Noch im Dezember 1989 hatte ich verstanden, dass die Menschen aus der DDR Autos mit anderen Augen betrachteten als wir. Als ich dann bei einem befreundeten Händler einen Lada Kombi in Schokoladenbraun stehen sah, kaufte ich den Wagen und stellte ihn auf unseren Betriebshof am Bahnhof in Mölln. Durch die Reaktion der Menschen lernte ich viel über diesen für mich bisher gänzlich unbekannten Fahrzeugtyp. Uwe aus Lübz, der jetzt unsere Werkstatt leitete, brachte mir schnell die Modellbezeichnungen, die verschiedenen Motorisierungen und Dinge, auf die es ankam, bei. Robust und einfach zu reparieren, erfüllten diese Fahrzeuge die an sie gestellten Anforderungen perfekt. Ich entschloss mich, alle in Norddeutschland angebotenen Ladas zu kaufen. Wir rasten los und kauften alles, was noch fuhr, und die verfügbaren Neuwagen. Besonders beliebt war damals der einem modernen Westwagen nachempfundene Lada Samara, als Zweitürer oder Viertürer, mit 1,1, 1,3 l oder 1,5 l Hubraum. Aber auch die älteren, eckigen Modelle fanden ihren Weg lastzugweise nach Mölln. Meine Frau und Freunde erklärten mich für verrückt: Was sollte das alles, die DDR-Bürger wollten doch sicherlich nur die schönen Westwagen kaufen, warum wollte ich mich ausgerechnet mit diesen designerischen Herausforderungen beschäftigen?
Ja, warum wohl? Auch als ich seinerzeit mit den gebrauchten Porsche 356 und Mercedeswagen der 50er-Jahre und älter begonnen hatte, war ich ziemlich allein auf weiter Flur. Warum sollte ich mich jetzt in dieser Umbruchzeit einordnen in die allgemeine Phalanx der Glücksritter und Geschäftemacher? Ich war überzeugt davon in Kenntnis der Straßenverhältnisse auf dem Lande, dass der Lada für die Menschen in Mecklenburg ein vernünftiges Auto war. Sollten die Mitbewerber doch lachen – ich glaubte an meine Idee.

Unser Dienstwagen rutscht von der Strasse, Gennadi (1. l.) ist heil davongekommen.

Häufig handelten die kleineren Lada-Händler auf dem Lande auch noch mit Fahrrädern oder Werkzeugen und hatten nur drei bis vier Modelle auf dem Hof stehen. Das Geschäft war immer schwierig gewesen, da die Fahrzeuge zwar konkurrenzlos preiswert waren, aber als hoffnungslos veraltet und eher hässlich galten. Bisher als Gebrauchtwagen unverkäuflich, gewannen diese Fahrzeuge rasant an Wert. Nachdem wir drei- oder viermal bei den einzelnen Händlern gewesen waren, gelang es uns auch, die bestellten und noch nicht gelieferten Neuwagen im Voraus zu kaufen. Die Deutsche Lada in Neu Wulmstorf bei Hamburg als Importeur wurde auf uns aufmerksam.

Darüber hinaus brauchten wir auch ständigen Nachschub an gebrauchten West-PKW. Da unsere grenznahe Gegend schnell ausverkauft war, suchten wir nun in ganz Deutschland nach guten, bezahlbaren Fahrzeugen. Wir stellten einen Einkäufer ein, Uwe P., der schon früher für uns tätig gewesen war. Er reiste herum und kaufte überall Partien zusammen. Unser Lagerplatz reichte nicht aus und wir mussten Flächen anmieten, um die Fahrzeuge abstellen zu können.

Lada, diese Bezeichnung stammte aus einem Ideenwettbewerb unter Mitarbeitern im AvtoWas-Werk Anfang der 1970er-Jahre. Es sollte ein Name sein, der auch im Ausland auszusprechen war, da man auf Exportkurs gehen wollte. Der Name Lada ist im Russischen ein weiblicher Kosename und steht für „die Geliebte", kurz „Liebchen". Produziert wird das Auto bei AvtoWas-Wolga-Automobilwerke, dem größten Hersteller von PKWs in Russland und Osteuropa. Der Name Lada war lange Zeit nur für die Exportversionen gebräuchlich, der Markenname für den russischen Markt lautete Ziguli (gesprochen: Schiguli). Das Hauptwerk befindet sich in der Stadt Togliatti, benannt nach dem 1964 verstorbenen Vorsitzenden der Kommunistischen Partei Italiens, Palmiro Togliatti. Gelegen in der Oblast Samara an der mittleren Wolga hieß die Stadt früher Stawropol. 1966 beschloss die Sowjetregierung den Bau des staatlichen Automobilwerkes, aber man benötigte einen internationalen Partner. Die Wahl fiel auf den italienischen Konzern Fiat. Vermutlich weil es eine starke Kommunistische Partei in Italien gab, die erheblichen Einfluss im Fiat-Konzern hatte.

1964 hatte Fiat den 124, einen modernen Mittelklassewagen, auf den Markt gebracht. Er wurde von internationalen Autojournalisten zum Auto des Jahres gewählt, Grund dafür waren die gute Raumausnutzung für diese Fahrzeuggröße und die bei 1.200 ccm sehr gute Fahrleistung. Dieser Fiat 124 wurde auf russische Verhältnisse zugeschnitten. Er erhielt eine Heizung, mehr Bodenfreiheit, eine verstärkte Karosserie und andere Stoßdämpfer, außerdem wurde der Motor modifiziert, damit er

Das kleine Büro in Mölln – mein Arbeitsplatz für einige Jahre

statt Super auch Normalbenzin vertragen konnte. Und der häufig zu wechselnde Kunststoffzahnriemen wurde gegen eine metallene Steuerkette ausgetauscht. 1971, im ersten Produktionsjahr des Schiguli 2101, wurden bereits 200.000 Stück produziert, im Jahre 1973 dann bereits 600.000 Fahrzeuge. Als Bezahlung lieferte die Sowjetunion seit 1971 Stahl nach Italien, der leider von so schlechter Qualität war, dass die Fiat-Modelle der 70er-Jahre erhebliche Probleme mit Rost hatten.

Alle eckigen Lada-Modelle basierten auf der Ursprungsform des Fiat 124. Zwischenzeitlich auch mal als „NOVA" bezeichnet, gab es diverse Motorvarianten mit 1,2, 1,3 oder 1,5 l Hubraum, eine viertürige Limousine sowie einen Kombi.

1984 dann kam eine völlige Neukonstruktion, deren Motor in Kooperation mit Porsche entwickelt wurde, der Samara. Er hatte Frontantrieb und Einzelradaufhängung und natürlich ein modernes Outfit. In allen Ländern des Ostblocks war er sehr beliebt. Ein Renner auch in westlichen Ländern war der kleine Geländewagen, der Niva, „Stoppelfeldchen". Seit 1977 wird er äußerlich unverändert angeboten. Dieser geländegängige, robuste kleine Allradwagen fand besonders in der Forstwirtschaft und bei Jägern sein Einsatzfeld. Als günstigstes Geländewagenmodell hat er auch heute noch seine Daseinsberechtigung. Außerdem gibt es einige Modelle von Lada, die in der westlichen Welt nicht angeboten wurden, da sie entweder nicht dem Zeitgeschmack entsprachen oder bestimmte EU-Normen nicht erfüllten. Damals aber war es das richtige Auto zum richtigen Zeitpunkt, robust und für die Straßen des Ostblocks geeignet sowie einfach zu reparieren. Eigentlich schade, dass diese einfachen Fahrmaschinen so schnell von unseren Straßen verschwunden sind.

Mein Ausflug in die Welt der neueren Fahrzeuge

Ich ließ die anderen ihre Witzchen über diese Autos machen, für mich überwogen die Vorteile. Mercedes, BMW, VW, Opel und Ford sowie die anderen zahlreichen Marken bargen als Gebrauchtwagen so ihre Tücken, sie mussten wie Diven an teure Diagnosegeräte angeschlossen werden und beim leichtesten Blechschaden war das ganze Auto verbogen. Nicht so der russische Stahl – ziemlich unverwüstlich, leicht zu reparieren und ohne ständige Neuerungen und „Verbesserungen". Man brauchte sich keine Gedanken bei der Ersatzteilbeschaffung zu machen, Stoßdämpfer und andere Verschleißteile waren viele Jahre lang völlig gleich in der Produktion. Mein Schwager fluchte schon beim einfachen Audi 80 über die vielen verschiedenen Bremsscheiben, Computerchips und andere Austauschteile. Wenn man nicht höllisch aufpasste, erhielt man mal wieder das falsche Ersatzteil und ein modernes westliches Auto konnte nicht fristgerecht an seinen neuen Besitzer ausgeliefert werden.

Mein Ausflug in diese Welt der modernen Fahrzeuge zeigte mir deutlich: Solche Probleme wollte ich nicht erzeugen. Kaum war ein Modell auf dem Markt, verloren alle Vorgängermodelle rapide an Wert. Die Ersatzteilbeschaffung der „alten" Modelle brachte über kurz oder lang Schwierigkeiten mit sich. Selbst die Neuwagen gönnten sich Probleme. So konnte es vorkommen, dass ein teures Auto nur mit bestimmten Extras bestellt werden konnte, andere Extras konnten dafür gar nicht bestellt werden, da die „Just-in-time"-Produktion gerade keine Schiebedächer oder Klimaanlagen vorhielt. Es ging so weit, dass eine gewünschte Lackfarbe, obwohl im Katalog abgebildet, gar nicht zu kaufen war. Was hatten sich die hochbezahlten Automanager bloß dabei gedacht? Vorsprung durch Technik – wem sollte das nützen?

Ich hatte den Eindruck, dass hier technikverliebte Ingenieure ihrem Wunschdenken freien Lauf ließen und von niemandem gestoppt werden konnten. Zu viele Optionen mit zu vielen Schwachstellen, nein, da war ich doch froh, dass ich in erster Linie diese erdigen, ehrlichen Autos verkaufen konnte. Auch heute noch bin ich der Meinung, dass es nie notwendig war, ständig neues Design und neue Technik zu entwickeln. Mir persönlich, wie auch vielen meiner Bekannten, wäre es lieber, ein sehr solides, zuverlässiges, nicht rostendes Fahrzeug kaufen zu können. Und bei den vielen Optionen und Extras geht es mir beim Auto wie auch beim Handy, ich benötige nur die wesentlichen Funktionen, wie Fahren mit geringem Spritverbrauch oder einfaches Telefonieren, alles andere halte ich für Spielerei. Ich finde es aus verschiedenen Sichtweisen beschämend, dass man, obwohl technisch machbar, immer noch Motoren mit einem viel zu hohen Verbrauch baut. Schädlich für die Umwelt, Ressourcenverschwendung und obendrein wird dem Konsumenten das Geld aus der Tasche gezogen. Die Autos der Nachkriegsära haben fast alle wenig Treibstoff verbraucht, sodass die Darstellung, heute würden die Autos wirtschaftlicher betrieben werden können, einfach nicht stimmt.

Man wird also verstehen, dass mir diese kernigen, russischen Fahrmaschinen einfach sympathisch waren. Und auch die Menschen, die diese Autos nachfragten, waren sympathisch. Umsichtig wagten sie sich in ein neues Leben.

Unser Slogan „Ein Neuer zu teuer?" machte unsere Firma in ganz Mecklenburg bekannt, es sprach sich herum, dass wir zum einen ein großes Angebot an Lada-Fahrzeugen und westlichen Gebrauchtwagen hatten, und zum anderen, dass man keine Hemmungen haben musste, wenn man eben keinen neuen Wagen kaufen, sondern vielleicht aus nachvollziehbarer Vorsicht ein preiswertes Auto erwerben wollte. Ab März 1990 begann dann das Verkaufsgeschäft anzuziehen. Wir hatten ein großes, attraktives Angebot in Grenznähe. Die kleinen Städte wie Ratzeburg und Mölln waren bei der Landbevölkerung sehr beliebt, da sie schnell zu erreichen und übersichtlich waren. Obendrein hielten die

vielen inhabergeführten Einzelhandelsgeschäfte alles bereit, was man benötigte.
Wer sein Sparbuch bei den Banken hinterlegte, erhielt D-Mark und konnte kaufen, was das Herz begehrte. Da es aber noch keine Einheit gab, mussten die Güter in die DDR eingeführt werden. Am leichtesten ging es, wenn man eine Filiale in Schwerin gründete, dann stand die Firma für alles gerade und der jeweilige Käufer konnte den Wagen in Schwerin übernehmen.
Beim „Rat der Stadt Schwerin" gründeten wir eine solche Firma. Der bürokratische Aufwand war groß, die Behandlung durch den Vertreter des Staates ziemlich unfreundlich. Sicherlich war es aber für ihn völlig fremd, mit einem Mal einem westdeutschen Geschäftemacher eine Lizenz zu erteilen, wo der Staat doch 40 Jahre genau das Gegenteil verkündet und gelebt hatte. Es fehlten genaue Richtlinien und der einzelne Sachbearbeiter musste Dinge entscheiden, die ihm noch nie begegnet waren.
„Privatmachen", also eine eigene Firma gründen, war in der DDR zwar auch vorher schon möglich, aber man hatte haufenweise Schwierigkeiten. In erster Linie wurden die staatlichen Betriebe beliefert, und nur wenn etwas übrig war, konnten die „Privaten" auf Material hoffen. Die Begrifflichkeiten waren schon sehr entstellt, denn eine Firma zu gründen war eben nicht privat, sondern man machte sich öffentlich, unterlag den GOBs, den Grundsätzen der ordnungsgemäßen Buchführung, und brachte dem Staat damit Geld ein. Den Staat als „eierlegende Wollmilchsau" gab es nicht mehr. Als wir dann endlich die Genehmigung hatten, benötigten wir ein Bankkonto bei einer DDR-Bank. In einem stattlichen alten Gebäude in der Innenstadt von Schwerin nahe dem Pfaffenteich, ehemals eine Deutsche Bank, befand sich die Filiale der Staatsbank. Auch hier wieder ein umständliches Prozedere, bis wir endlich ein Konto eröffnen konnten. Die ganze Woche war anstrengend genug gewesen und wir hatten schon so oft gehört, dass man im Weinhaus Uhle gut essen konnte, dass wir es dieses Mal ausprobieren und dort einkehren wollten. Auch hier wieder eine neue Er-

fahrung. Durch einen dunklen Eingangsbereich und einen dunklen Wollvorhang hinein in die heiligen Hallen. Das Lokal war eher spärlich besetzt, wir suchten uns einen netten Platz, hatten aber das Schild: „Hier warten, Sie werden platziert" übersehen. Eine zickige Bedienung kam ungehalten an unseren Tisch und sagt, anstelle einer Begrüßung: „Ham Se das Schild nich gelesen? Also, so geht das nich!" Wieso nicht, dieser Platz war doch frei? „Da kann ja jeder kommen!" Ja das wäre doch schön, dann hätten Sie ein volles Lokal. „Bloß das nich, das is ja noch mehr Arbeit!" Wir amüsierten uns köstlich. Das teuerste Gericht auf der Karte kostete 4,80 Mark, Rumpsteak mit Wachtelei – komische Beilage, galt aber als etwas ganz Exklusives. Andere exotische Gerichte hießen Würzfleisch, Soljanka und Grillteller mit Letscho. Apfelsaft gab es nicht, stattdessen erhielten wir Orangensaft aus Kuba. Das war bestimmt auch seltener, aber warum gab es keinen heimischen Apfelsaft, vergammelten die Äpfel stattdessen an den Bäumen? Übrigens haben wir in der damaligen Zeit auch in anderen Gaststätten der ehemaligen DDR kaum jemals Apfelsaft erhalten, es gab zwar die langen Apfelalleen und direkt in Westmecklenburg eine große Plantage mit der schönen Bezeichnung „Apfelblüte Dodow", aber die produzierte nur für den Export und Äpfel einfach aufsammeln und mosten, schien nicht verbreitet zu sein. Nun gut, dann eben Wachtelei mit Steak und Orangensaft.

Das Bankkonto wies immer mal wieder enorm hohe Summen in Ostmark auf. Wir trauten den Ansagen der Politiker nicht, die verkündeten, dass alle Guthaben irgendwann zum offiziellen Kurs getauscht werden würden, außerdem benötigten wir natürlich auch Geld, um neue Ware kaufen zu können. Was blieb uns anderes übrig, als das Geld von Zeit zu Zeit illegal außer Landes zu schmuggeln? Inzwischen konnte man bei einer Wechselstube am Hamburger Hauptbahnhof offiziell tauschen, der Kurs variierte zwischen 6 : 1 (also 6 Ostmark für eine D-Mark) und 10 : 1. Allerdings war die Ausfuhr von Ostmark verboten und stand unter Strafe. Wir mussten uns also etwas einfallen lassen.

Vorvertrag und Ostmark

Meinem Schwager hatten die Ostgrenzer in Gudow-Zarrentin am Autobahnkontrollpunkt schon einmal 400.000 Ostmark abgenommen. Die Erfahrung, einen ganzen Tag im März in einer ungeheizten Arrestzelle zu verbringen und dann ein auseinandergebautes Auto zurückzubekommen, ganz abgesehen von den unangenehmen Befragungen und der hohen Geldstrafe in D-Mark, schreckte uns nicht ab. Mutig und ein wenig aufgeregt verstauten wir das Geld am Körper und fuhren die Landstraße über Gadebusch, Roggendorf in Richtung Grenze. Inzwischen gab es an den alten Verbindungsstraßen von Ost nach West überall schnell eingerichtete Kontrollpunkte, erst Zoll in Blau, dann Grenzer in Bunt. Wir rollten mit dem neuen Nissan Patrol an den Zoll heran und wurden prompt gebeten, links rauszufahren.

Ach du je, ich rutschte noch tiefer in den Beifahrersitz. Die Sonne stand tief und meine Frau als Fahrerin hatte eine große Sonnenbrille auf. Das war nicht statthaft. Sie sollte die Brille abnehmen und wir sollten aussteigen. Mist. Es wäre nicht nur ärgerlich, wenn man uns jetzt das Geld wegnehmen würde. Eine Befragung würde folgen: warum wir so oft hin- und herfahren würden? Ach so, Firma in Schwerin, Autos … All dies schwirrte mir im Kopf herum. Inzwischen waren auch die Grenzer neugierig herangekommen, es war wenig Betrieb an diesem Nachmittag. Freundlich und ruhig beantworteten wir die Fragen, aber das Herz schlug schnell und hart in meiner Brust. Dann mit einem Mal die überraschende Bitte, doch mal die Motorhaube aufzuziehen und die technischen Details zu erklären. Ich ließ mir die Erleichterung nicht anmerken und zeigte gerne alle Besonderheiten des langen Nissans. Unser Geländewagen war anscheinend schon mehrmals Hauptgesprächsthema hier in Roggendorf an der Grenze gewesen, da wir diesen Übergang

häufig benutzt hatten, und die Männer hatten sich gesagt, beim nächsten Mal schauen wir uns den Wagen genauer an. Den Gefallen taten wir ihnen gerne.
Später kamen dann auch einige von ihnen zu uns, um Autos zu kaufen. Geahnt hatten sie es ja, aber da sie im Landkreis Gadebusch wohnten und auch wohnen bleiben wollten, wollten sie nicht mehr unangenehm auffallen und die Kontrolle war nur noch pro forma. Wem hätte es denn auch genützt, wenn sie uns das Geld weggenommen hätten? Das Vertrauen in den eigenen Staat war abhanden gekommen, man ersehnte sich etwas Neues.
In Mölln gab es damals eine Baufirma, die sofort nach der Grenzöffnung groß ins Immobiliengeschäft in Mecklenburg eingestiegen war. Sie kaufte Grundstücke und Häuser in guten Innenstadtlagen zu sagenhaft günstigen Preisen. Statt erst nach Hamburg zur Wechselstube fahren zu müssen, konnten wir das Geld vor Ort weitergeben und erhielten D-Mark. Nach einem sagenhaften Aufstieg und enormer Expansion musste diese Firma dann doch Ende der 90er-Jahre Konkurs anmelden.
Im Monat Juli 1990 lieferten wir mehr als 200 Fahrzeuge aus. Etliche Menschen wollten keinen Kredit in Anspruch nehmen, sondern die Währungsunion abwarten und dann den bereits mit einem „Vorvertrag" erworbenen Wagen abholen. Vorvertrag war auch so ein Terminus, der bei uns nicht bekannt war, entweder machte man einen Vertrag oder nicht. Der gewünschte Vorvertrag war aber im Osten eine gängige Möglichkeit zur Sicherung der Wünsche gewesen. Viele waren dann ganz erstaunt, dass bei Abholung nicht erneut ein Vertrag geschlossen werden musste. So einfach sollte das sein? Wenn das man alles seine Richtigkeit hatte! So einfach, wie der Kauf eines Autos geworden war, so schwierig wurde das Leben für den einzelnen Menschen. Mit einem Mal musste er sich um alles selbst kümmern, Versicherungen, An- und Abmeldungen, Beschaffung von Papieren, so hatte man sich das nicht vorgestellt. Die neu gewonnene Freiheit bestand nicht nur aus Rechten, sondern auch aus Pflichten.

Die Deutsche Lada kam auf uns zu und diente uns einen Händlervertrag an. Man hatte beobachtet, was wir in den Monaten nach Grenzöffnung gemacht hatten, und in der Zentrale in Neu Wulmstorf bei Herrn Dommermuth, dem Chef, hing ein großes Bild unserer Firma. Den Vertrag konnten wir jetzt ganz gut gebrauchen, da wir natürlich auch viele Reparaturen, in erster Linie die Erneuerung von Stoßdämpfern, durchführen mussten. Der Verkauf der Neuwagen machte dann aber nicht mehr viel Spaß, da die Wagen zwar zwei Jahre Garantie hatten, aber schlecht in der Fertigung waren. Das hieß, dass alle Garantieleistungen von der Lieferfirma oder einer anderen Lada-Firma durchgeführt werden mussten. Die Vergütung behielt sich dann die Deutsche Lada vor. Das war übrigens bei allen anderen Neuwagenfirmen genauso. Die Garantieabwicklung mit den Lieferanten war für den Händler kein Geschäft. Jetzt kamen nicht nur unsere eigenen Kunden in die gut funktionierende Werkstatt, sondern auch fremde, die gehört hatten, dass unsere Werkstatt gute Arbeit leistete und dort ein Mann aus Lübz, Mecklenburg, das Sagen hatte.
Die Monate Juli, August und September 1990 waren in unserer Region schlicht unbeschreiblich. Schon morgens bildeten sich vor den Supermärkten lange Schlangen, die Preise bei uns waren noch etwas niedriger als in den schnell in Containern eingerichteten Supermärkten im Osten. In den ersten Julitagen kamen die Menschen mit druckfrischen Geldbündeln, Fünfmarkscheinen und Zehnmarkscheinen, seltener Hundertern oder noch größeren. Jedes Auto, welches wir auslieferten, wurde in bar bezahlt. Große Mengen neuer Scheine mussten gezählt werden. Wir starteten morgens um sieben Uhr, holten zwischendurch eine Kleinigkeit zum Essen und kamen abends gegen acht Uhr völlig erschöpft nach Hause. Das ständige Geldzählen war schwierig, da die neuen Scheine aneinanderhafteten, wir brachten jeden Tag große Mengen Geld zur Bank. Bei unserer Möllner Sparkasse gab es mehrere Zählmaschinen, die diesem Andrang manchmal nicht gewachsen waren, kurzerhand stellte man das Geld in Plastiktüten, mit Namensschild der Firma versehen, auf ein Bord und zählte dann in Ruhe abends und

nachts, wenn der Schalterbetrieb geschlossen hatte. Blaue Zweitakterwolken verdeckten den Sommerhimmel, an Urlaub oder Badengehen war nicht zu denken.

In dieser Phase tauchte Gennadi, der Mann aus Baku, wieder bei uns auf. Sein Truppenteil würde bald Schwerin verlassen und er wollte in Deutschland bei Frau und Kindern bleiben. Die Chancen hierfür standen gut. Wir einigten uns und er wurde bei uns Verkäufer – in weiser Voraussicht, dass bestimmt einige russischsprachige Kunden auftauchen würden.

Die Zwei-plus-Vier-Gespräche zwischen beiden deutschen Staaten und den Alliierten hatten die Einigung beschlossen und die große Party zum 3. Oktober 1990 wurde vorbereitet. In die unendliche Freude über die Wiedervereinigung mischte sich bei uns ein schlechtes Gewissen den Menschen in den ehemaligen Sowjetstaaten gegenüber. Die Deutschen profitierten und die „Freunde", wie die Russen im Osten etwas abschätzig genannt wurden, sollten weiter leiden? Mit der DSF oder Deutsch-Sowjetischen Freundschaft konnte es ja nicht so weit her gewesen sein. Mein Vater und der Vater meiner Frau waren im Krieg beide Major gewesen und hatten den Russlandfeldzug mitgemacht. Neben vielen schrecklichen Kriegserlebnissen kam aber in den Erzählungen immer wieder zum Ausdruck, dass der einzelne Mensch nicht der böse Bolschewik war, sondern ein einfacher Soldat, bei näherer Bekanntschaft ein liebenswerter Mensch, der gezwungen wurde, für sein Land zu kämpfen. Daher fühlte ich mich zusammen mit anderen verpflichtet, hier Hilfe zu leisten. Was konnte man privat tun? Freunde von uns, der Chefarzt des Möllner Krankenhauses, Ingo K,. und ein Schulfreund meiner Frau, Thomas B., ebenfalls Arzt, hatten von der Not und der unzureichenden Versorgung der Krankenhäuser in Leningrad gehört. Wir gründeten einen privaten Hilfeverein und sammelten Spenden. Blauäugig wollten die Ärzte alleine losfahren. Welches Glück, dass wir inzwischen Gennadi an der Seite hatten. Über so viel Naivität konnte er nur den Kopf schütteln. Wo sollten denn die Spenden angeliefert werden? Wer von denen sprach Russisch? Wo wollte man

übernachten, wenn man nicht in die sündhaft teuren, riesigen Touristenhotels für viele Devisendollar gehen wollte? Wo wollte man das Auto nachts abstellen – auf der Straße? Was würde ein Chefarzt eines Krankenhauses davon haben, wenn er unsere Spenden zuließ? Gennadi fand uns wirklich komisch. Auch wir waren überrascht, daran hatten wir natürlich nicht gedacht. Gennadi musste mit und alles arrangieren.
Wir buchten Plätze auf der Finnjet von Travemünde nach Helsinki, besorgten die nötigen Visa, kauften ein und verstauten alles gut im Nissan und dem Pferdeanhänger, den Ingo beisteuern konnte. Gennadi stellte den Kontakt zur Leningrader Polizei her, sein Bruder Vagiv, ein hohes Tier bei der Kriminalpolizei von Leningrad, buchte in einem Arbeiterheim Zimmer, organisierte eine Garage mit Bewachung, stellte den Kontakt zum Krankenhaus Nr. 10 im Kirow-Bezirk her und arrangierte einen Besuch beim damaligen Stadtteilbürgermeister Sobschak. Sobschak, ein junger reformfreudiger Anhänger Gorbatschows, wurde später erschossen.
Auf nach Russland, das Abenteuer konnte beginnen.

Im Niemandsland durch endlos dunkle Wälder

Nach Osten zum Krankenhaus Nr. 10 im Kirow-Bezirk

Kurz vor Weihnachten fuhren wir an einem dunklen Abend mit meinem Nissan Patrol und einem Hänger, vollgeladen mit Medikamenten, Lebensmitteln und gespendeten medizinischen Geräten, in Travemünde auf die Finnjet. Wir hatten alle nötigen Visa und Papiere und freuten uns auf die Reise. Mit uns fuhr noch eine Gruppe des Roten Kreuzes aus Lübeck, viele Mitarbeiter mit wenigen LKW, beladen mit Kaffee, Zucker und Mehl. Als Erstes fuhr mich der Leiter der Gruppe unwirsch an: Wir sollten gefälligst das auf der Haube klebende Rote Kreuz entfernen, da wir nicht in offizieller Mission unterwegs seien. Das habe ich aber nicht gemacht, da selbst auf einem simplen Erste-Hilfe-Kasten ein Kreuz prangt. Die Damen und Herren zogen dann ihre Rot-Kreuz-Ausgehuniformen mit weißen Halstüchern an und genossen in vollen Zügen das Tanz- und Unterhaltungsprogramm auf der Finnjet. Da wir alle abgekämpft aus dem Beruf kamen, waren wir froh, eine ruhige Überfahrt zu haben und endlich einmal ausschlafen zu können. Am nächsten Tag ging es in Helsinki vom Schiff, an der Küste entlang über Kotka zum Grenzübergang. Es war kalt und verschneit, die Straßen übergefroren, wir mussten vorsichtig fahren. Auf der finnischen Seite gab es noch den einen oder anderen Ort, dann kam die Grenze. Ähnlich wie bis 1989 in Deutschland ist hier ein undurchdringlicher Zaun mit Niemandsland dahinter, dann nach Osten hin noch einmal ein Zaun. Bei Tageslicht war alles grau und man schaute über die karge karelische Landschaft. Wir waren einer der ersten privaten Hilfstrecks, die an dieser Grenzübergangsstelle auftauchten. Niemand wusste, wie er mit uns umgehen sollte. Die russischen Grenzer waren aus Unsicherheit erst einmal sehr abweisend. Obwohl wir weit und breit der einzige PKW waren, sonst fuhren hier nur riesige Laster durch, mussten wir endlos warten. Wir betrachteten die Szenerie, niedrige Bäumchen, eine dünne Schneedecke, außer den Grenzern mit ihren Hunden kein Lebewesen zu sehen. Hin und wieder gaben wir den vorbeischleichenden, neugierigen Soldaten eine Tafel Schokolade, die sofort in der dicken Uniform verschwand. Nach vielen Telefonaten wurden wir von einem Offizier in die hölzerne Grenzbude gebeten. Pässe vorzeigen, Visa abstempeln, Gennadi erklärte dem Offizier auf Russisch, warum wir hier waren, was wir vorhatten und dass wir vom Bürgermeister in Leningrad erwartet würden. Das war glatt gelogen, zeigte aber Wirkung. Langsam löste sich die Spannung und die Russen wurden freundlicher, schließlich verabschiedete sich der leitende Offizier mit einer Entschuldigung für das lange Warten und hoffte, dass er Dienst haben würde, wenn wir in fünf Tagen wieder ausreisten. Dann würde er für eine zügige Abfertigung sorgen!

Russischer Winter auf der Fahrt nach Leningrad

Birken- und endlose Tannenwälder säumten die breite Piste, riesige LKW mit mannshohen Reifen und unförmige Militärfahrzeuge kamen uns entgegen.
Wir mussten höllisch aufpassen, damit wir diesen Ungetümen nicht in die Quere kamen.
Die erste große Stadt auf russischer Seite ist Wyborg mit fast 80.000 Einwohnern. Sie hat eine wechselvolle Geschichte an der Nahtstelle nach Osten. 140 Kilometer westlich von Leningrad/St. Petersburg, kurz hinter der finnischen Grenze, entstand die Burg im 13. Jahrhundert

am östlichsten Außenposten des schwedischen Königreiches. Sie sollte das Land vor den Feinden aus dem Osten schützen. 1710 wurde sie aber dennoch von Peter dem Großen erobert, fiel dann 1812 wieder an Finnland, um 1944 endgültig russisch zu werden. Einst war Wyborg eine reiche Handelsstadt mit Palästen wohlhabender Kaufmannsfamilien, netten Restaurants und einem hübschen Gut mit Landschaftspark, dem „Monrepos". Die seit den Zeiten der Hanse in Wyborg ansässigen Deutschen, Finnen und Schweden mussten 1940 die Stadt verlassen, und wer geblieben war, wurde 1944 endgültig vertrieben. Martti Ahtisaari, einstiger Staatspräsident von Finnland, war hier geboren worden. In Wyborg sollte später die neue Ostseepipeline der Firma Gazprom beginnen.

Im Dezember 1990 fuhren wir über holprige, kaputte Straßen durch eine graue Stadt, vorbei an grauen Fabriken, vor denen rauchende Arbeiter standen. Dieser Stadt war die Farbe abhanden gekommen. Riesige leere „Magazine", also Läden, säumten die großen Durchfahrtstraßen. Drinnen Frauen mit Papierhäubchen vor leeren Regalen. Häufig kamen uns offene Pritschenwagen entgegen, auf der Ladefläche Güter und Arbeiter, deren Gesichter im Schneegestöber kaum auszumachen waren. In wattierte, aber löchrige Kleidung eingemummelt, mit den typischen Mützen auf dem Kopf, trotzten sie der Kälte. Weiter ging es in Richtung Leningrad. Als wir die Ausläufer der Stadt erreichten, setzte die frühe Dämmerung ein. Auf der Straße kurz vor der Stadt kam uns ein blinkender Lada entgegen: Gennadis Bruder Vagiv mit

Strassenszene in Wyborg

einem Freund. Ein großes Hallo und ein kleiner Begrüßungsschluck, dann ging es im Konvoi weiter.

Lange fuhren wir durch immer gleiche Trabantenstädte, einfach nur Stein auf Stein und dazwischen hervorquellender Mörtel, so standen die langen Mietshäuser gleichförmig in Reih und Glied ohne Gartenflächen und ausgewiesene Parkplätze da. Die Haustüren hatten keine Klinken, sondern nur große Griffe, vor einigen Hauseingängen standen Trauben von Menschen. Dann endlich kamen wir ins Zentrum, die Lichter auf den Newa-Brücken und in den Straßen gingen gerade an. Im Gegensatz zu den Häusern der Trabantenstädte sahen wir jetzt herrlich pastellfarbene, grandiose Häuserkarrees. Die riesigen Regenfallrohre stachen ins Auge sowie die vielen flanierenden Menschen auf den Boulevards. Hübsch angezogen, spazierten sie durch die Straßen und besichtigten gut ausgestattete Geschäfte. Im dichten, schnellen Verkehr ging es weiter. Und jetzt sahen wir zwei Spotlights, die wir nie im hungernden Leningrad vermutet hätten: Ein Rolls-

Royce ohne Nummernschild kam uns schnell entgegen und über eine Newabrücke galoppierten zwei Mädchen auf edlen Pferden und winkten uns fröhlich zu! Ich konnte es nicht glauben, in dieser Not leidenden Stadt gab es Luxusautos und Freizeitreiter. Wie wenig wussten wir von Russland!
Wir hielten an einem Betriebswohnheim im Kirow-Bezirk, in dem Vagiv für uns einen Platz gefunden hatte. Hier konnte man nur übernachten und am ständig simmernden Samowar heißes Wasser zapfen. Ein Restaurant oder Speisesaal war nicht vorgesehen. In weiser Voraussicht hatten wir eine große Kiste mit Proviant mitgenommen. Ganz fertig gebaut war das Wohnheim noch nicht, unten – im noch nicht ausgebauten Erdgeschoss – wurde nachts immer der Müllcontainer zwischengelagert. Hätte man ihn draußen stehen lassen, hätten ihn sofort alle Nachbarn genutzt. Das staatliche Versorgungssystem war unzuverlässig und niemand wusste, wann die Müllabfuhr wieder mal vorbeikam. Im zweiten und dritten Stock bezogen wir unsere Zwei- und Dreibettzimmer. Es war feuchtkalt und an den großen, einfach verglasten Scheiben liefen innen dicke Wassertropfen herunter. Dankbar nahmen wir das heiße Wasser des auf dem Flur blubbernden Samowars, um uns einen Tee aufzubrühen. Lange überlegten und beratschlagten unsere russischen Begleiter den morgigen Tag. Wo könnten wir den Nissan mit Anhänger so lange sicher unterstellen? Jetzt wurde er draußen von Vagivs Fahrer bewacht, aber das konnte kein Dauerzustand sein. Wo könnten wir am besten zu Abend essen? Alles schwierige Fragen, zu denen jeder unserer Begleiter eine eigene Meinung hatte.

Der Bezirksbürgermeister wollte uns tatsächlich kennenlernen und die Presse wurde über unseren Besuch und die Hilfslieferung informiert. Wir machten uns während der langwierigen Verhandlungen schon mal etwas aus unserem Proviantkoffer zu essen und die Russen steuerten den nötigen Wodka bei. Schließlich sanken wir müde in die klammen Betten. Zum Essengehen war es inzwischen zu spät.

Am nächsten Tag war es frostig und die ganze Stadt wie mit Zuckerguss überzogen. Ein Fahrer holte uns ab und begleitete uns zum Polizeirevier. Dort auf dem Hof hatte unser Auto sicher die Nacht verbracht. Damit wirklich nichts passieren konnte, hatte man die Scheibenwischer abgebaut. Kein Mensch hätte in jenen Tagen sein Fahrzeug draußen mit Scheibenwischern oder Alufelgen stehen lassen! Gennadi und Vagiv rieten uns, besser ohne Wischer in der Stadt herumzufahren.
Jetzt ging es zum Kinderkrankenhaus Nr. 10 im Kirow-Bezirk. Man behandelte dort in erster Linie internistische Krankheiten, wobei „behandeln" nicht der richtige Ausdruck ist. Die Kinder wurden einige Zeit stationär aufgenommen und, so gut es ging, aufgepäppelt, es gab fast keine Medikamente oder chirurgischen Instrumente, die Ärzte konnten ohne diese Hilfsmittel fast nichts tun. Die Behandlungsräume waren mit Linoleum ausgelegt und alles machte einen heruntergekommenen, dunklen Eindruck. In den Ecken türmte sich der Kehricht und die Toiletten waren schlicht unbeschreiblich.
Anders dann die Zimmer der kleinen Patienten, hell und freundlich und mit einfachsten Mitteln zumindest etwas bunt gestaltet. Nur die Betten glichen Bananen, durchgelegen und mit unzureichendem Bettzeug, auch hier von Krankenhaus-Hygiene wenig zu merken. Die Kinder erhielten je nach Gesundheitszustand als Erstes ein kleines Geschenk, Malstifte und einen Block, Bilderbücher, Kuscheltiere und, wenn erlaubt, auch Süßigkeiten. Strahlend hielten sie ihre Geschenke fest an sich gepresst.
Wir luden den Nissan und den Hänger aus, die Ärzte leiteten und dirigierten uns, die Polizisten bewachten uns. Schwere Pakete bis in den vierten Stock, wieder runter, wieder rauf. Als alles hereingetragen war, wollten wir unsere Liste noch mal kontrollieren und mussten feststellen, dass etliche Kartons fehlten. Wie konnte das passieren? Gennadi beschwichtigte uns und erklärte, dass die Ärzte und Pflegerinnen seit Monaten kein Gehalt bekommen hatten und ja auch von etwas leben mussten. Nun gut, aber wir fragten uns, wie ein Arzt Einmalspritzen oder unbekannte Medikamente zu Geld machen wollte?

Im Kinderkrankenhaus Nr. 10, Kirow-Bezirk Leningrad. Das Labor

Am nächsten Tag sahen wir auf einem der großen Märkte in der Stadt, die hauptsächlich von Kaukasiern kontrolliert wurden, unsere Eimer mit Schwartauer Marmelade und die großen Teepakete.

Hierzu passte das Gespräch, das wir beim folgenden Imbiss mit der Chefärztin und dem Oberarzt im Krankenhaus führten. Beim nächsten Mal sollten wir ein Deutsch-Russisch-Lexikon von Langenscheidt und einen Loewe-Fernseher für die Chefärztin sowie ein Becker-Autoradio für den Oberarzt mitbringen – warum sollten wir das? Die Gegenfrage: Weshalb sollten uns die Ärzte sonst wieder in ihr Krankenhaus lassen? Wir nahmen auch diese Wünsche auf, notierten aber in erster Linie, was zur Behandlung der Patienten gebraucht wurde.

Früher habt ihr auf uns geschossen, heute bringt ihr Hilfe

Die Einladung beim Stadtteilbürgermeister im Kirow-Bezirk von Leningrad war ein Erlebnis. In einem großen Konferenzsaal standen auf jedem Platz je eine Flasche Wasser, Pepsi-Cola, Wodka und russischer Kognak. Am Kopfende hing neben der sowjetischen Fahne auch die russische Nationalflagge – ganz neu, das aufkeimende Nationalbewusstsein der Russen zeigte sich in dieser Fahne überdeutlich. Riesige bunte Telefone standen auf einem imposanten Schreibtisch und Bilder der großen Männer der Sowjetunion hingen an den Wänden. Es war die Zeit, kurz bevor Anatoli Sobtschak Gesamt-Bürgermeister von St. Petersburg wurde. Der junge Justizprofessor, Wegbegleiter von Gorbatschow und politischer Ziehvater von Wladimir Putin, dem späteren russischen Präsidenten, galt als Reformer. Er bereitete den Umschwung in der zweitgrößten russischen Stadt vor und gab ihr auch den alten glanzvollen Namen St. Petersburg zurück. Überall war der Aufbruch aus verkrusteten Sowjetzeiten zu spüren und der Stadtteilbürgermeister wollte mit uns über die Möglichkeiten einer Sonderwirtschaftszone Leningrad sprechen. Er war aufrichtig interessiert und wollte das Wirtschaftsleben des Westens und unsere Form der Demokratie genau erklärt haben. Wir baten um die Erlaubnis, dies im Video festhalten zu dürfen – natürlich, aber erst mussten die Flaschen vom Tisch. Man wollte nicht das Klischee vom Wodka trinkenden Russen bedienen! Unter Gorbatschow war es verpönt, in Amtsstuben und bei öffentlichen Anlässen Alkohol zu trinken. Von dem netten, herzlichen Mann erfuhren wir viel Wissenswertes über die Stadt. Betroffen hörten wir, dass die Deutschen während des Zweiten Weltkrieges oder des „Großen Vaterländischen Krieges", wie die Russen ihn nennen, die Stadt 900 Tage belagert und ausgehungert hatten. Kaum eine Familie,

die nicht Hungertote zu beklagen hatte. Ingesamt starben zwischen 1941 und 1944 etwa 1,2 Millionen Menschen in der eingeschlossenen Stadt. Einzig im Winter konnte eine „Straße des Lebens" über den Ladogasee die Eingeschlossenen kümmerlich versorgen. Es gab wirklich vieles, was wir nicht wussten. Wir fuhren raus zum Heldenfriedhof, einer Anlage, in der die Toten des Weltkrieges zu Zehntausenden in langen Massergräbern verscharrt worden waren. Eine riesige Statue wachte zum Gedenken über dem Areal, Hochzeitspaare pilgerten nach der Trauung hierher, um Blumen niederzulegen.

Die riesige Zarenstadt zog uns langsam in ihren Bann, wir besichtigten die Eremitage und das Kriegsmuseum und liefen ziellos durch die Straßen, um die Atmosphäre der mächtigen Stadt aufzunehmen. Nachts fuhren wir mit der Metro durch die Leningrader Unterwelt, schnelle Rolltreppen sausten bis tief unter die Erde. Die Russen lassen gerne ein Kopekenstück auf dem Geländer mitlaufen, Rolltreppe und Münze kommen gleich schnell unten an. Jede Metrostation ist anders ausgestattet und für sich eine Sehenswürdigkeit. Während des Zweiten Weltkrieges dienten die Stationen auch als Bunker für die Bevölkerung. Oben an einer Straßenkreuzung standen Aserbaidschaner und bereiteten Schaschlik zu. Diese langen Spieße mit Fleisch und scharfer Soße schmeckten köstlich.

Am nächsten Tag besuchten wir die „Peter-und-Paul-Festung" auf der Haseninsel. Der 16. Mai 1703 gilt als Gründungsdatum der Stadt. An jenem Tag ließ Peter der Große den Bau an den Festungsanlagen beginnen. Viele tausend Menschen verloren beim Bau dieser Anlage ihr Leben im sumpfigen Newa-Delta. Schon kurz nach ihrer Fertigstellung diente die Festung nicht mehr nur Verteidigungszwecken, sondern wurde als Gefängnis für politische Gegner des Zarenregimes genutzt. Hier saßen viele berühmte Gefangene, so als erster prominenter Häftling Alexander, der Sohn Peters des Großen, es folgten Fjodor Dostojewski, Maxim Gorki, Michail Bakunin und auch der Bruder Lenins, Alexander Iljitsch Uljanow, saß hier nach seinem Anschlag auf den Zaren bis zu seiner Hinrichtung ein.

Überall in der Festung saßen hochdekorierte alte Frauen, Veteraninnen des Krieges, und bewachten die zu besichtigenden Schätze. Schnell kamen wir ins Gespräch und Gennadi musste übersetzen. Sie wollten wissen, wer wir waren und was wir in Leningrad wollten. Völlig überraschend sprang eine kleine alte Frau auf und umarmte mich spontan: „Wie schön, früher habt ihr auf uns geschossen und jetzt helft ihr unseren Kindern in der Not!" Ich war tief beschämt, so viel Herzlichkeit von einer Frau, die bitter unter dem Zweiten Weltkrieg gelitten hatte und deren Jugend mit Hunger und Not, verursacht durch deutsche Belagerung, dahingegangen war. Sie kochte uns Tee und lange unterhielten wir uns über die völlig unterschiedlichen Lebensbedingungen und über die Hoffnungen, die die Menschen in Leningrad mit der Öffnung verbanden. Allerdings fand man die Zugeständnisse Gorbatschows nicht gut und auch den Stolz der großen, ruhmreichen Sowjetunion sah man durch ihn schwinden. Was waren das für gute Zeiten unter Breschnew gewesen, die 60er- und 70er-Jahre als wahres Arbeiter- und Bauernparadies! Damals gab es einen moderaten Wohlstand für alle, ausreichende Versorgung der großen Städte und Sicherheit. Heutzutage konnte man von seinem Lohn nicht mehr leben, von der Rente ganz zu schweigen. Es gab fast nichts mehr in den staatlichen Magazinen zu kaufen, da korrupte Kolchos- und Sowchoschefs alles nur gegen harte Währung an den Meistbietenden abgaben.

Leonid Breschnew, Generalsekretär der KPdSU, ein Garant für innere Sicherheit? Wir waren erstaunt, hatten wir ihn im Westen eher als alten Betonkopf und Apparatschik wahrgenommen. Sein politisches Debakel hatte er mit dem Eintritt in den Afghanistankrieg heraufbeschworen. Wie später die Amerikaner, erlebte er dort eine komplette Niederlage. Unter Breschnew erhöhte sich das Alter der Mitglieder des Politbüros auf über 70 Jahre. Alt und krank erlegte er den Russen das „Goldene Zeitalter der Stagnation" auf, wie ein leicht spöttischer Journalist diese Zeit einmal bezeichnete. Doch die Bewohner der Sowjetunion sahen dies offensichtlich ganz anders. Nach Revolution, Krieg, dem Terror des stalinistischen Regimes und dem sehr

Auf dem Panzerkreuzer Aurora mit dem Kommandanten im Maschinenraum

reformfreudigen Cruschtschow, hatten die Jahre unter Breschnew für Stabilität und innere Ruhe gesorgt. Unter Michail Gorbatschows Glasnost (Offenheit) und Perestroika (Umbau) wurde alles unsicher und teuer, die staatlichen Strukturen schmolzen wie Eis in der Sonne und Verlass war auf nichts mehr. Der alten Frau war völlig unverständlich, warum man Michail Gorbatschow in diesem Jahr den Friedensnobelpreis verliehen hatte. Aus ihrer Sicht, die sie den Krieg überlebt und die Sowjetzeit durchgestanden hatte, hatte Gorbatschow den Nobelpreis ganz und gar nicht verdient.

Nachdenklich fuhren wir durch die Stadt in unser Quartier, heute Abend sollten wir auf Einladung des Stadtteilbürgermeisters in ein berühmtes Theater gehen. Die Russen bereiten sich intensiv auf solche Ereignisse vor und egal, wie schwierig das Leben ist, wenn man die Chance hat, Kultur zu erleben, würdigt man dies durch angemessene Kleidung.

Wir zogen also unsere besten Sachen an und warteten auf den angekündigten Chauffeur. Er hatte Karten für verschiedene Veranstaltungen dabei. Wir entschlossen uns für das Ballett – der glanzvolle Name des Bolschoi-Theaters (Großes Theater) lockte uns. Leider, leider, schüttelte der Chauffeur den Kopf, das ging nicht, diese Karten wollte sein Vorgesetzter haben. Gut, dann also in den berühmten Circus. Leider,

leider, dies hatte er seiner Familie versprochen, Frau und Kinder waren bereits auf dem Wege dahin. Na gut, blieb also nur noch das Pantomime-Theater, dann sollte er uns bitte dahin fahren. Leider, leider, dies ging auch nicht, da er den Wagen für diesen Abend an einen Freund ausgeliehen hatte. Wir waren ein bisschen sauer und hatten eigentlich keine Lust mehr, noch irgendwo hinzugehen. Jeder Staatsdiener versuchte hier selbst von der kleinsten Möglichkeit zu profitieren. Schließlich machten wir uns aber doch mit der U-Bahn auf ins Pantomime-Theater und hatten wider Erwarten einen herrlich vergnüglichen Abend. Erst wunderten wir uns ein wenig, dass so viele Kinder da waren, bis uns klar wurde, dass dies ein Kindertheater war. Über jegliche Sprachschwierigkeiten erhaben, genossen wir ein unvergessliches Erlebnis mit Künstlern von Weltklasse. Zusammen mit den vielen hübsch angezogenen Kindern, die Mädchen im Kleid und großer Haarschleife, die Jungen im Anzug, und deren Müttern und Großmüttern amüsierten wir uns über die verschiedenen Episoden. Glücklich gingen wir durch die hell erleuchtete Stadt zurück in unsere Straße.

Ich war gespannt auf den nächsten Tag. Morgen sollten wir mit Gennadi und seinen Leuten ein ganz besonderes Auto etwas außerhalb der Stadt besichtigen. Wir sollten vorsichtig vorgehen, da privater Besitz in dieser Form eigentlich gar nicht gestattet war. Alle Kriegsbeute gehörte dem Staat und kam entweder in ein Museum oder wurde zum Vorteil des werktätigen Volkes verwertet. So weit die Theorie. In der Praxis hatten viele Offiziere Kriegsbeute für sich behalten und versuchten jetzt in den schlechten Zeiten diese Gegenstände zu Geld zu machen. Ein alter General besaß also einen stehen gebliebenen Mercedes Kompressor. Welches Modell genau, wussten unsere Leute nicht, aber es musste sehr wertvoll sein, da bereits ein hohes Dollargebot vorlag.

Der Mercedes Kompressor in Sankt Petersburg

Ein Chauffeur mit einem alten Opel Ascona holte uns ab. Wie immer musste er uns dringend beweisen, was für ein guter Fahrer er war, und raste mit uns mit bis zu 90 Stundenkilometern durch den dichten Verkehr. Menschen auf Fußgängerüberwegen wurden ignoriert, man sauste einfach da vorbei, wo noch ein Zipfelchen Platz war. Hier galt das Recht des Stärkeren. Der Wagen war auch nicht mehr in gutem Zustand, sondern heulte an der Vorderachse ganz erbärmlich. Das Radlager vorne links war ausgelaufen und kreischte wie eine alte Straßenbahn. Ich mochte mir gar nicht vorstellen, was passieren würde, wenn das Rad abspringen würde. Wir würden im Gegenverkehr einfach überrollt werden. Alle Versuche, den Fahrer zu einer etwas rücksichtsvolleren Fahrweise zu bewegen, schlugen fehl, er lachte fröhlich und ließ auf sein Stück deutscher Wertarbeit nichts kommen. Ich hatte den Eindruck, dass wir mehrmals an den gleichen Straßenecken vorbeikamen. Wollte man mich verwirren? Offensichtlich sollte ich die Orientierung verlieren und bloß nicht selbst den Weg finden. Zu uns stießen dann Vagiv und Freunde und ein gewisser Sergej, der den Kontakt zu dem General hergestellt hatte. Wie kamen die bloß immer alle zusammen? Mobiltelefone waren noch nicht verbreitet und trotzdem trafen wir dauernd Leute zur abgemachten Zeit. Jetzt besprachen unsere Begleiter noch einmal die Vorgehensweise. Es sollte nichts verkehrt laufen, alle wussten, dass ich so einen Wagen natürlich liebend gern kaufen würde. Vermutlich wollte jeder Einzelne von ihnen profitieren und sah zu, dass er auch angemessen berücksichtigt wurde.

Inzwischen war es Nachmittag geworden und wir hatten alle Hunger bekommen. Vagiv führte uns in ein Souterrain, hier befand sich ein Restaurant ohne äußerlich erkennbare Zeichen. Oben war die KGB-

Zentrale und hier unten war die dazugehörige Kantine. Im Gegensatz zu anderen Restaurants wurde der KGB natürlich laufend beliefert und es gab hier immer etwas Ordentliches zu essen. Mit Beziehungen durfte man eintreten und bestellen. Was waren das für Beziehungen? Mir war etwas mulmig zumute. Draußen wurden gerade Schweinehälften abgeladen. Ein Arbeiter schmiss die tiefgefrorenen Hälften kurzerhand

auf den Bürgersteig. Als Unterlage diente lediglich eine viel zu kleine Pappe. Na ja, die Russen aßen dies schließlich auch, sollte ich mich zieren? Meine Begleitung palaverte lang und ausführlich, wer nun mit zur Besichtigung des Oldtimers durfte und wer nicht. Ich wollte wissen, was passierte, wenn ich den Wagen tatsächlich kaufen würde. Ging das überhaupt und wie sollte er dann nach Deutschland geschafft werden. Ein völlig unverfängliches Thema hier in der Spitzelzentrale des immer noch diktatorischen Machtapparates.

Offiziell konnte man nur mit Rubeln alles kaufen und durfte auch als Ausländer nicht mit Dollar oder D-Mark bezahlen. Man musste Devisen an staatlichen Stellen zum offiziellen Wechselkurs tauschen, inoffiziell konnten meine Begleiter fast jede Summe in Rubel beschaffen und das zu einem wesentlich günstigeren Kurs als bei der Staatsbank. Sollte ich mich darauf einlassen? Die Geschichten von leichtsinnigen Ausländern, die dann im Bleibergwerk in Sibirien gelandet waren, kannte ich. Meine Begleiter hielten das für übertriebene Vorsicht und lachten mich aus. Mit den vorhandenen Beziehungen konnte gar nichts passieren!

Ich drängte zum Aufbruch, denn es wurde bereits wieder dunkel, diese Jungs hatten unendlich viel Zeit und mussten anscheinend alle nicht sonderlich viel arbeiten. Draußen trafen wir einige vom Rot-Kreuz-Konvoi, die mit uns auf der Finnjet gefahren waren. Offensichtlich waren sie ihre mitgebrachten Waren noch nicht losgeworden und standen nun einfach an der Ecke eines Marktes und verteilten Mehl, Zucker und Kaffee vom LKW herunter. Die kaukasischen Händler freuten sich über die kostenlose Belieferung und nahmen alles gerne entgegen. Dafür die weite Reise, bezahlt von den Spendern des DRK, mit so vielen Leuten und LKW, um am Ende reichen Händlern ein Zusatzgeschäft zu verschaffen? Hätte man sich im Vorwege ein wenig mehr informiert, wäre auch klar gewesen, dass die Russen eher Tee als Kaffee tranken und dass Zucker und Mehl vor Ort selbstverständlich zu kaufen waren. Benötigt wurden ganz andere westliche Güter.

Erneut heulten wir mit dem Ascona durch belebte Gegenden, bis wir schließlich in eine Art Kleingartengelände kamen. Einer lief voraus und wir hoppelten durch das völlig kaputtgefahrene Gelände zu einer verriegelten und verrammelten Garage. Drumherum liefen Hühner und große Hunde bellten uns böse an. Ich erregte einiges Aufsehen bei den herumlungernden Männern. Immer schon hatte ich rote Schals getragen, aber das war in Russland den Frauen überlassen, nie im Leben würde ein echter Mann einen roten Schal umbinden. Die Gaffer kamen aus dem Staunen nicht heraus, was wollte dieser Ausländer hier auf ihrem Gelände? Der General erschien, ein kleiner, dicker, alter Mann. Erst einmal musste er uns die Geschichte des Wagens erzählen. Wir saßen mit laufendem Motor im Fahrzeug und Gennadi übersetzte eifrig.

Als Soldat hatte dieser Mann im Zweiten Weltkrieg an verschiedenen Plätzen gekämpft, unter anderem in Staraja Russa südlich von Leningrad am Ilmensee und er hatte an der Eroberung des Kessels von Demjansk im Oblast (Bezirk) Nowgorod mitgewirkt. Beides sehr wichtige Ereignisse an der Ostfront. Die Kesselschlacht von Demjansk hatte vom 8. Januar 1942 bis zum 1. März 1943 gedauert – also über ein Jahr!

Kreuz und quer durch die Stadt

Ein Gebiet von 3.000 Quadratkilometern und etwa 300 Kilometern Frontumfang wurde von den Deutschen erbittert verteidigt. Sechs deutsche Divisionen mit circa 95.000 Soldaten und 20.000 Pferden waren hier von den Russen eingeschlossen. Ab März 1942 sickerten 6.000 Mann des 1. sowjetischen Luftlandekorps von Norden über gefrorene Sümpfe durch die dünn besetzten deutschen Stellungslinien ein, um Nachschubwege zu sperren und Versorgungseinrichtungen zu zerstören. Unser Mann war dabei gewesen, als in der Nacht vom 21. auf den 22. März 1942 ein vermeintlicher Gefechtsstand der Deutschen eingenommen werden sollte. Die deutschen Soldaten waren nicht mehr da. Sie hatten das Hauptquartier am Vortage verlegt, aber allerhand in der Eile zurückgelassen, so auch dieses Auto. Er habe sich dann in den Wagen gesetzt und sei damit aus der Schlacht herausgefahren. Nun gleich würden wir den Wagen zu sehen bekommen.

Meine Spannung stieg, auch andere hatten auf diesem Wege schon wahre Raritäten erworben. Ich wusste nicht, ob ich diese Geschichte

glauben sollte oder nicht, aber sie erschien mir nicht einfach ausgedacht. Merkwürdigerweise erzählte mir viele Jahre später der Onkel meiner Frau, der bei Staraja Russa auf deutscher Seite gekämpft hatte, dass dies so ähnlich gewesen sei, allerdings konnte er sich an die vollständige Vernichtung, beziehungsweise Gefangennahme der eingesickerten Russen erinnern. Einfach mit einem Auto aus dem Kessel rauszufahren, war nach seiner Ansicht nicht möglich gewesen. Aber vielleicht war der Wagen nach der Schlacht auch einfach stehen geblieben und der angebliche „General" wollte mit dieser tollen Geschichte nur das Interesse an dem Wagen erhöhen?
Nun führte er uns hinten um sein Anwesen herum, schloss mit etlichen Schlüsseln die stark gesicherte Tür auf und präsentierte stolz seinen Mercedes Kompressor. Im Dämmerlicht sah ich einen Kühler hervorragen, angerostetes Blech mit Resten von schwarzem Lack, matter Chrom und aufgerissene Polster vervollständigten das Bild. Nur leider war es

Die Werkstatt

kein Kompressor, sondern ein simpler 170er-Mercedes aus den 40er-Jahren. Alle schauten mich erwartungsvoll an, wieso war der Westler mit dem roten Schal nicht völlig begeistert von diesem Fund?

Was war falsch? Ich glaube heute, meine Begleiter und selbst der General wussten es einfach nicht besser und hatten den schlichten 170er-Mercedes für etwas ganz Besonderes gehalten. Was eigentlich ein Kompressor war und warum der so wertvoll war, war ihnen nicht klar, und wieso dieser Wagen hier weniger wertvoll sein sollte als andere Mercedeswagen aus dieser Zeit, verstanden sie auch nicht. Es war doch immerhin ein Mercedes!

Der General hielt mein Verhalten für eine Finte und glaubte, dass ich damit nur den Preis drücken wollte – unter einer halben Million Dollar würde er den Wagen nie verkaufen! Ich konnte ihn nicht davon überzeugen, dass er hier etwas neben den Tatsachen lag. Wir diskutierten noch ein oder zwei Stunden und ich bemühte mich, die Vorkriegsautos zu erklären, aber niemand wollte das hören. Die Enttäuschung war allen ins Gesicht geschrieben. Wer weiß, welche Pläne die Beteiligten schon mit dem leicht verdienten Geld gehabt hatten?

Als allen klar war, dass ich wirklich nicht an einem Kauf interessiert war, beschlossen meine Begleiter, auf diesen Schreck hin wenigstens fürstlich zu feiern. Heute musste Prasnik gemacht werden. Wir fuhren in ein kaukasisches Restaurant und bekamen einen Tisch für acht Personen. Es wurde aufgefahren, was Küche und Keller hergaben. Vorspeisen, Hauptgerichte, Brot, Butter, Würste, die schiere Menge sorgte bei mir bereits beim Anblick für Sättigung. Alle Flaschen wurden sofort geöffnet, ob man das trinken wollte oder nicht – egal, jetzt war prassen „Prasnik" angesagt. Hier wurde unverhältnismäßig aufgetischt und draußen litten die Menschen Not, aber der Einzige, der dies als Widerspruch ansah, war ich. Sergej erzählte von seiner Nachbarin, 60 Jahre alt, die wohl demnächst sterben würde. Sie hatte keine Kinder in der Nähe, die etwas für sie tun konnten, und die Rente reichte eben nicht vorne und hinten. Wollte er ihr von seinem Überfluss nicht ein wenig abgeben? Nein – völlig verwundert starrte er mich an, warum denn das? Er hatte für seinen eigenen Clan zu sorgen. Für andere war er nicht zuständig.

In den letzten Tagen hatte ich schon gelernt, dass es am besten war, nur in unserem Quartier die Toilette zu benutzen, alles andere war abenteuerlich. Von fehlenden Türen und Klodeckeln bis zu Vorrichtungen mit Loch in der Erde und zwei Mauersteinen zum Draufstellen hatte ich schon einiges gesehen. Nach dem langen Tag ging es aber nicht mehr anders, ich musste die Toilette aufsuchen. Aber was mich in diesem vornehmen Restaurant mit Türstehern und arrogantem Personal empfing, hatte ich nicht erwartet. Draußen vor den Toiletten war eine Frau als Aufseherin, auch hier fehlten die Holztüren, sie waren lange in irgendwelchen Öfen verheizt worden, und seit einigen Tagen ging offensichtlich die Klospülung nicht mehr. Lieber wäre ich nach draußen an einen Baum gegangen, aber auch das ging nicht, da die dauernd wechselnden Türsteher mich nicht wieder reingelassen hätten, der Laden war inzwischen proppenvoll. Ich erhielt eine Kaffeekanne mit Wasser und versuchte mein Glück im Stehen, schließlich hatten unsere Soldaten hier ganz andere Sachen erlebt, da sollte ich schon vor einem vollgesch… Klo kapitulieren?

Prasnik oder doch lieber in die Tschajka?

Der Wodka ging langsam aus und es gab keinen Nachschub mehr. Zurzeit gab es auf dem freien Markt fast keinen hochprozentigen Alkohol zu kaufen. Mir war es recht, auch morgen war noch ein Tag, an dem wir vieles erledigen wollten, also auf ins Quartier. Aber Vagiv quengelte herum, „Plocha, kein Wodka". „Kein Wodka?" Sergej ließ sich das nicht zweimal sagen, kurzerhand wendete er auf der breiten Straße und fuhr zu einem schwer bewachten Industriegelände. Der dösend am Tor lehnende Wächter, lässig eine Kalaschnikow im Arm, öffnete das Tor und vorbei an einer mit mehreren Männern besetzten Pförtnerbude fuhren wir mitten in der Nacht vor ein Garagentor. Sergej schloss auf und wir trauten unseren Augen nicht: bis unter die Decke standen hier in Getränkekisten die Halbliter-Wodkaflaschen. Durch die Prohibition, die Michail Gorbatschow dem Land verordnet hatte, wollte er etwas für die Volksgesundheit und die Arbeitsmoral tun, das war lobenswert, aber gleichzeitig verdienten Schieber wie Sergej an dieser Beschränkung ein Vermögen. Mir sollte es egal sein, es gab so vieles, was an diesem Land ganz anders war. Vagiv erhielt seine Wodkakiste und war zufrieden.

Morgen wollten wir noch einen Abschlussbesuch im Krankenhaus machen und den nächsten Besuch in Leningrad vorbereiten. Für uns war klar, nur eine kontinuierliche Hilfe konnte wirklich etwas bewegen, und hier gab es viel zu tun.

Um uns ein wenig zu refinanzieren, kamen wir auf die Idee, in den großen Kaufhäusern Waren einzukaufen, um diese dann später in Deutschland für den guten Zweck zu versteigern. In den Warenhäusern gab es nicht viel zu kaufen, unten gab es keine Lebensmittel und oben gab es keine Bekleidung, einzig die Kunstabteilungen waren gut bestückt. Hübsche, farbenfrohe Lack-Miniaturarbeiten auf Holz als Broschen, Schmuckdosen oder Ostereier mit klassischen Motiven: Troika im Schnee, Blumenarrangements, Schiffe auf der Newa, der heilige Georg auf dem Schimmel als Drachentöter und immer wieder Zar Peter der Große. Außerdem Gemälde und Bernsteinschmuck. Wir kauften auch Ölgemälde auf Leinwand, Kopien berühmter Werke oder nachempfundene, barocke oder romantische Motive sowie natürlich Vertreter der russischen Moderne. Auch an einigen Straßenkiosken konnte man ganz hervorragende Werke für wenig Geld kaufen. Wir luden unseren Nissan wieder voll und als Krönung erwarben wir einen alten Messing-Samowar.

Der Abschlussbesuch im Krankenhaus war zwiespältig. Unsere Ärzte und die russischen Ärzte hatten sich intensiv ausgetauscht und gut kennengelernt. Durch die mitgebrachte Hilfe war das Krankenhaus jetzt tatsächlich für einen längeren Zeitraum in der Lage, effektive medizinische Hilfe zu leisten. Was aber gänzlich fehlte, waren diagnostische Geräte und chirurgische Instrumente, mit dem vorhandenen Material hätte man in Deutschland keine Tierarztpraxis mehr ausgestattet.

Wir schrieben genau auf, welche Dinge und welche Medikamente hier eingesetzt werden sollten. Es würde keine leichte Aufgabe werden, die Sachen zu besorgen, aber wir waren entschlossen, dieser wunderschönen Stadt beim Aufbruch in die neue Zeit Hilfestellung zu leisten. Der einzelne Mensch in diesem System war den Machthabern immer hilflos ausgeliefert gewesen, egal ob unter den Zaren oder unter den Kommunisten. Rechtssicherheit und Verlässlichkeit des Staates hatte man nie kennengelernt, so war denn auch das Verhalten der Verantwortlichen im Krankenhaus durchaus verständlich. Jeder war sich bewusst, dass er nur eine gewisse Zeit auf seinem Posten verbringen würde, dann würden andere kommen. Wenn man diese Zeit nicht nutzte, um sich selbst ein wenig abzusichern oder zumindest die Vorteile dieses Amtes zu genießen, dann hatte man seine einzige Chance im Leben versäumt. Als wir dies verstanden hatten, kamen

uns die Forderungen der im Krankenhaus Verantwortlichen auch nicht mehr so unverschämt vor – sie betrachteten es als „ihr" Krankenhaus, und wenn wir dorthin etwas bringen wollten, mussten wir uns ihr Wohlwollen erwerben, das ging nur mit Konsumgütern aus der westlichen Welt. Dass wir eine private Initiative waren und ausschließlich vom Willen zur Hilfe und zugegeben ein wenig Abenteuerlust angetrieben waren, konnte hier niemand ernsthaft glauben. Es musste aus ihrer Sicht einen wichtigen Grund geben, dies zu tun, auch wir mussten davon einen enormen Profit haben – sonst würde doch nie im Leben einer so etwas machen! Der Sozialismus/Kommunismus sowjetischer Prägung hatte es gründlich geschafft, den Menschen als soziales Wesen in den Hintergrund zu drängen und nur für sich selbst verantwortlich zu machen. Für das Große, Ganze war nebulös „der Staat" zuständig, und wenn der es nicht richten konnte, dann passierte eben gar nichts. Eigeninitiative, konstruktive Kritik und bürgerliches Engagement waren hier noch nie erwünscht gewesen und wurden häufig sofort im Keim erstickt. Der Gedanke, durch persönliche Mithilfe und ehrenamtliche Tätigkeiten der Gemeinschaft zu dienen, war den Menschen abhanden gekommen. Also schrieben wir die „Bestellungen" der Ärzte ebenfalls auf.
Zu Mittag wollten wir Sergej und Vagiv, die uns beide so erfahrungsreich und sicher durch die Riesenstadt geleitet und so viel Zeit geschenkt hatten, in die „Tschajka" einladen. Im Dezember 1987 hatte der Hamburger Gastwirt Broder Drees zusammen mit einer großen deutschen Brauerei in Leningrad eine deutsche Bierkneipe, die „Tschajka", zu deutsch „Möwe", eröffnet. Matjes, Schnitzel und Labskaus standen hier auf der Karte. Das Angebot wandte sich natürlich in erster Linie an die zahlreichen deutschen Touristen und in letzter Zeit vermehrt auch an die in Leningrad neu ansässigen Ausländer. Ich kannte Broder aus seiner Hamburger Zeit, als er am Großneumarkt die Kultkneipe „Göhle" betrieben hatte und sich zu einem Hamburger Original entwickelte. Wir waren mehrmals fröhlich zusammen gesegelt und ich hatte ihn seinerzeit begleitet, als er, unbeugsam und freiheitsliebend,

lieber eine Nacht im Untersuchungsgefängnis am Holstenglacis verbrachte, als seinen Hund anzuketten. Immer wieder hatte er Anzeigen erhalten, da Nachbarn sich vor seinem großen, sabbernden Schäferhund fürchteten und die Polizei ihn zwingen wollte, das Tier an die Leine zu nehmen. Als alles nichts half, erhielt er eine empfindliche Geldstrafe, alternativ die Androhung einer Gefängnisstrafe. Mit großem Bohei lud er Journalisten und Freunde zu diesem denkwürdigen Ereignis ein. Ein hübsches Buffet mit Essen, Trinken und öffentlicher Aufmerksamkeit sollte seine letzte Nacht in Freiheit dokumentieren. Nachdem auf dem Bürgersteig ausgiebig gefeiert worden war, klopfte er als armer Sünder an die Tür und verlangte Einlass. So leicht aber kommt man in Deutschland nicht ins Gefängnis – einfach anklopfen und man ist drinnen. Was er sich vorstellte? Den richterlichen Beschluss ignorierten die Gefängniswärter. Schließlich hatten er und wir Gäste vor dem Gefängnis so einen Aufstand gemacht, dass die Zwangsinsassen aufmerksam wurden. Das wiederum wurde der Polizei dann doch zu viel. Verscheuchen der Meute ging nicht, da auch Journalisten aller Tageszeitungen anwesend waren, also schickte man ein Rollkommando, um Broder Drees in Handschellen zum Verhör zu führen. Aber da hatten sie wieder nicht mit der Gewitztheit des Gastwirtes gerechnet. Er war ja bereit gewesen, freiwillig seine Strafe anzutreten, aber gegen Handschellen und körperliche Gewalt hatte er etwas einzuwenden, sofort kam sein Anwalt und nach einiger Zeit gesellte er sich wieder zu uns auf den Bürgersteig.

Dieser heldenhafte Tunichtgut war in der diktatorischen Sowjetunion gelandet. Zu gerne wollte ich wissen, wie es ihm ergangen war, und natürlich nach den vielen Pelmeni, Borschtsch und Blinys auch mal wieder etwas weniger Fettiges essen.

Aber mit dem Widerwillen meiner russischen Begleiter hatte ich überhaupt nicht gerechnet. Murrend folgten sie mir über den Newsky-Prospekt, die Prachtstraße Leningrads, dann kurz vor der Brücke scharf abbiegen und am Gribojedowa-Kanal hinein in eine andere Welt. Draußen grünweiße Markisen, innen Holztäfelung mit Schiffs-

modellen und ein großer Tresen. Um diese Zeit, am frühen Nachmittag, war noch wenig Publikum anwesend, nur ein paar einsame Biertrinker, keine Russen, ausschließlich Ausländer, die meisten Deutsche. Ich wollte meine Begleiter zu einem typisch deutschen Essen einladen, Labskaus oder Roastbeef? Nein, sie wollten nichts, ich musste sie überreden, wenigstens ein Bier zu nehmen. Was sollte das? Broder erklärte mir, dass in Leningrad gerade die Lebensmittelversorgung zusammengebrochen war und die bei ihm zu zahlenden Preise für Russen völlig absurd waren. Bisher hatte immer Vagiv für uns bezahlt und wir hatten zwischendurch einmal abgerechnet. Die verlangten Preise erschienen uns angemessen, waren aber für russische Verhältnisse natürlich extrem hoch. Wir gehen mal davon aus, dass Vagiv und Sergej so viel Zeit für uns hatten, weil wir einen anständigen Stundenlohn bezahlt hatten. Dass wir nun in diesem Ausländerlokal Geld ausgeben wollten, musste ihnen sehr unnütz erschienen sein. Damals verdiente ein Arzt oder höherer Polizist circa hundert US-Dollar im Monat. Die Renten lagen bei zwanzig bis dreißig US-Dollar. Ein Schnitzel in der Tschajka kostete etwa zwölf Dollar, ein kleines Bier vier Dollar, die Angebote in den großen Touristenhotels der Stadt lagen auf gleichem Preisniveau und waren damit für die Einheimischen unerschwinglich. Ich begriff, damit ging unseren Begleitern am letzten Abend noch ein schönes Geschäft durch die Lappen.
Dass ihnen jetzt noch nicht mal mehr das Bier schmeckte, kann ich heute verstehen.
Broder erzählte mir, wie er hier angefangen hatte, mit welchen Schwierigkeiten man zu kämpfen und dass er um die Ecke eine wunderschöne Altbauwohnung gefunden hatte. Die Renovierung dauerte nun aber schon drei Jahre und immer wieder musste man neue Genehmigungen einholen, um das Baumaterial aus Deutschland einführen zu dürfen. In Leningrad gab es fast kein Baumaterial privat zu kaufen, nur über die „Abzweigung" bei Zuteilungen an Staatsbetriebe hatte man eine Chance, sofern man denn Beziehungen hatte. Aber für einen Geschäfte machenden Ausländer war dies natürlich keine

gangbare Möglichkeit. Der Zoll machte ihm regelmäßig Probleme und alles, was man nicht selbst in der Hand hielt oder schon in sein Auto eingeladen hatte, konnte leicht auf Nimmerwiedersehen abhandenkommen. Jemanden mit Arbeiten zu beauftragen und ihn dann mit dem Baumaterial allein zu lassen, war hochgradig leichtsinnig, Material und Mensch waren nach kurzer Zeit einfach verschwunden. Dann hatte er festgestellt, dass der KGB in seiner neuen Wohnung Wanzen installiert hatte, viele vertrauliche Gespräche waren aus seinen vier Wänden bis zur Stadtregierung gedrungen und hatten

Begegnung am Ladogasee bei Leningrad

Steuerzahlungen oder kleinere Schikanen nach sich gezogen. Das war die eine Seite – die andere Seite war toll, schrecklich schön – schön schrecklich, um es mit einem Begriff zu umschreiben.
Tolle Menschen, eine tolle Stadt, pulsierendes Leben. Herzliche Freundschaften und überbordende Fröhlichkeit, Lebensfreude an Stellen, die ein Deutscher gar nicht als Freude begriffen hätte,

genauso wie tiefe Trauer oder Melancholie. Die ganze emotionale Bandbreite der russischen Romane – hier konnte man sie selbst erleben. Elementares Dasein vor dem Bewusstsein eines reichen kulturellen Erbes und der Stolz auf ihr Land machte die Menschen stark und selbstbewusst, selbst in einer schwierigen Zeit wie 1989/90. Wunderbare Theater- und Opernaufführungen, Bilderausstellungen von Weltrang, berühmte Zarenschlösser, Paläste und Prachtboulevards, überall konnte man etwas entdecken, gerade wurden auch die Kirchen wieder als solche genutzt und die jahrzehntelange Missachtung dieser orthodoxen Bauwerke hatte ein Ende. Interessante zeitgenössische Musiker und Künstler zog es in die Stadt, überall war Aufbruchstimmung und Zuversicht zu spüren. Alles dies machte die Stadt so lebens- und liebenswert. Ja, ich konnte nur von ganzem Herzen zustimmen, genauso hatte ich es empfunden. Beim Gedanken an den Abschied morgen wurde ich melancholisch, freute mich aber schon darauf, möglichst bald wiederzukommen.

Belarus, Weißrussland
Ein Land fest im Griff des Diktators

Es wurde tatsächlich eine mehrjährige Geschäfts- und Freundschaftsbeziehung. Die „Baranovicis", eine zusammengeschweißte Gemeinschaft von sechs jungen Männern aus der weißrussischen Stadt Baranowitschi, kamen immer pünktlich am Dienstag zu fünft, der sechste musste immer zu Hause bleiben und sich um andere Dinge kümmern. Schnell suchten sie sich ihre neuen Autos aus, blieben über Nacht und halfen am nächsten Tag bei der Zulassung und allen Formalitäten, um dann spätestens mittags zurück nach Baranowitschi aufzubrechen. Es waren abenteuerliche Zeiten für diese fliegenden Händler. Am Grenzübergang Frankfurt/Oder oder weiter nördlich bei Pomellen, in Richtung Stettin, ging es hinüber nach Polen, dann quer durchs ganze Land bis zur weißrussischen Grenze.
Russen waren in Polen nicht gern gesehen, und so hatten unsere Freunde allerlei Schikanen auszustehen, bis sie endlich die nächste Grenze bei Brest, früher Brest-Litowsk (Litauisch Brest), erreichten.
Brest war immer schon das Tor nach Westen gewesen und damit auch umgekehrt der wichtigste Übergang nach Osten. Große, völlig veraltete Grenzabfertigungsanlagen waren dem neuen Ansturm und dem privaten Verkehr kaum gewachsen. Hinzu kam, dass es eigentlich keine Zusammenarbeit zwischen den weißrussischen und den polnischen Grenzern gab. Wenn die einen ihre Teepause beendet hatten und es endlich weitergehen sollte, machten die anderen erst mal für eine halbe Stunde Siesta.
Riesige Gleisanlagen führten bei Brest die Züge aus dem eurasischen Raum zusammen, um dann durch ein Umspurverfahren von Breitspur auf europäische Norm und umgekehrt zu wechseln. Erst nach Stunden ging es für die Reisenden weiter. Dieser westlichste Zipfel Weißrusslands

hat eine wechselhafte Geschichte hinter sich, mal litauisch, wie der alte Name Brest-Litowsk, sagt, dann polnisch, dann von den Deutschen den Russen überlassen, um 1941 nach dem Überfall auf die Sowjetunion wieder heiß umkämpft zu werden, bis die Deutschen die Stadt schließlich nach einem erbitterten Kampf um die Festungsanlage am Bug eroberten. Wie in all diesen osteuropäischen Städten gab es bis zum Zweiten Weltkrieg einen großen jüdischen Bevölkerungsanteil, der von den deutschen Besatzern erst in ein Ghetto gezwängt und später ermordet wurde. Nur wenige haben überlebt, ein großer Sohn der Stadt Brest ist Menachem Begin, späterer israelischer Ministerpräsident.

Für die landschaftlichen Schönheiten der Strecke Berlin–Warschau–Brest und weiter in Richtung Minsk und Moskau hatten unsere Kunden kein Auge, auch Geschichte interessierte sie nicht. Das Leben war hart und das Geldverdienen stand im Vordergrund. So hatten sie auf ihren vielen Fahrten einiges auszustehen. Angeblich fuhren sie irgendwo in Polen zu schnell und wurden daraufhin zur Kasse gebeten, oder man ließ sie an der Grenze unverhältnismäßig lange warten, erst nach finanziellem Zuspruch ging es weiter. Wichtig für die fünf war, dass sie immer zusammenblieben. Falls jemand eine Panne hatte, konnte man sich so gegenseitig helfen und war nicht auf teure Abschleppdienste angewiesen.

Sie kamen jetzt immer mit einem Betriebswagen, einem Lada Samara, den alle zusammen finanziert hatten. Einer fuhr und die anderen konnten auf der Fahrt ausruhen und ein kleines Schlückchen trinken. Store Gram (hundert Gramm) Wodka, dazu eingelegte Spezialitäten wie Tomaten, Gurken oder Knoblauch, polnische Wurst und Brot bildeten die Bordverpflegung. Angehalten wurde zwischendurch nur an der Grenze oder für ein ganz dringendes Bedürfnis, Zeit war Geld und Trödeln ging nicht. Deshalb waren auch so unwichtige Sachen wie Waschen und Beinevertreten nicht vorgesehen. Juri, Vladimir 1 und 2, Sascha und Iwan oder Oleg genossen die Abende bei uns, endlich konnte man in Ruhe duschen, es gab etwas Anständiges zu essen und

man konnte einmal in einem richtigen Bett schlafen. Die alte soldatische Hierarchie funktionierte noch und der „kleine" Vladimir machte als Ordonnanz alles sauber und sorgte für Ordnung. Wir erfuhren viel über das entbehrungsreiche Leben in diesem Abschnitt der georgafischen Mitte Europas. Die Folgen des Krieges wirkten bis heute nach und jede Familie hatte Opfer des Zweiten Weltkrieges zu beklagen. Im September 1941 begannen die Deutschen das „Unternehmen Barbarossa", hinter dem sich der geplante Überfall auf die Sowjetunion verbarg. Die Heeresgruppe Mitte besetzte das Land innerhalb von nur zwei Monaten. 1944 befreite dann die Rote Armee in einem Schnelldurchlauf das Land, doch inzwischen war jeder vierte Bewohner gestorben, gefallen oder verhungert. Fast alle Städte und Betriebe waren zerstört und 9.000 Dörfer in Belarus waren niedergebrannt. Knapp 400.000 Menschen waren nach Deutschland als Fremdarbeiter oder Kriegsgefangene transportiert worden. Die ländliche Bevölkerung war ihrer Lebensgrundlage beraubt, da die Deutschen auch die Landwirtschaft verheert hatten und fast alle Nutztiere gestohlen oder aufgegessen waren. Der „Große Vaterländische Krieg" hat besonders in diesem Abschnitt furchtbare Verwüstungen hinterlassen.
Nach dem Wiederaufbau der Städte und Betriebe und der Modernisierung der Landwirtschaft hatte 1986 der Atomunfall im ukraninischen Tschernobyl wieder furchtbare Auswirkungen, auch auf die benachbarte, belarussische Sowjetrepublik. Krebserkrankungen und Missbildungen bei Kindern waren die Folge. Zu allem Überfluss hielt sich ein selbstherrlicher Diktator, Alexander Lukaschenko, in Weißrussland an der Macht. Als in allen umliegenden neuen Staaten bereits demokratische Strukturen entstanden, unterdrückte der Altstalinist sein Volk mit den bewährten Mitteln: Zensur der Medien, kaum Reiseerlaubnisse, starke Militärpräsenz, kaum persönliche Freiheit, keine wirtschaftliche und demokratische Entwicklung.
In monatlichem Rhythmus gab es jetzt neue Bestimmungen und Importzölle, an die sich unsere Kunden halten mussten. Kaum merkte die Obrigkeit, was sich bei den Menschen tat und wo sich ein Geschäftszweig

entwickelte, waren die Steuereintreiber auch schon da. Mal durften ältere Modelle gegen geringe Gebühr eingeführt werden, dann wieder nur fast neue Autos; Ladas machten weniger Probleme als andere Fabrikate, da man eng mit dem russischen Bruder zusammenarbeitete und diese Autos fast als Eigenproduktion betrachtete. Anders aber als die mittelasiatischen Potentaten in ihren rohstoffreichen Ländern, wie Kasachstan, Kirgistan oder Usbekistan, hatte Weißrussland keinerlei Bodenschätze oder Produkte, die in Westeuropa verkäuflich waren. Die Muskelspiele des Diktators und andauernde Bedrängungen der Menschen durch Sicherheits- oder Polizeikräfte schadeten in erster Linie dem eigenen Staat und dessen Entwicklung. Menschen, die sich nicht zu helfen wussten oder die einfach keine Möglichkeit hatten, also Rentner oder Frauen mit Kindern, vegetierten vor sich hin und hatten Mühe, sich mit dem verdienten Geld oder der Staatsrente zu ernähren.

Speiseöl oder Fleisch waren genauso teuer oder sogar teurer als in Deutschland. Unsere Kunden nahmen also nicht nur die Autos mit, sondern luden auch immer die Bestellungen der Nachbarn in den Supermärkten ein. Zu viel durften sie aber auch nicht mitnehmen, da sonst an der Grenze wieder Probleme mit Import-Lebensmitteln entstanden wären, schließlich entsprachen die deutschen und polnischen Lebensmittel nicht dem hohen Standard in Belarus – so wurde die Beschränkung jedenfalls offiziell begründet. Darüber konnten die Menschen nur den Kopf schütteln, denn in den Magazinen in Belarus lag das Fleisch auf ausgefransten Resopalplatten herum, Milchprodukte standen in unterschiedlichem Behältnissen, mal Glas, mal Plastik, mal ganz etwas anderem auf Holzbrettern vor Verkäuferinnen mit schmutzigen weißen Kitteln und gebrauchten, ehemals weißen Kopfhäubchen. Kühlung oder Gefriertruhen gab es fast nicht.

Einmal nahmen die Brüder Sascha und Vladimir auch einen Wagen mit einem erheblichen Unfallschaden sowie unrund laufendem Motor mit. Sie waren nicht davon abzubringen, diesen Wagen zu fahren, anstatt ihn auf einem Hänger zu transportieren: Es würde schon gut gehen.

Aber dann, kurz hinter der polnischen Grenze, gab der Motor den Geist auf. Was tun? Ein Abschleppseil hatte man nicht dabei. Warten, bis jemand kam und irgendwie half, war gefährlich und ziemlich aussichtslos. Also kamen die fünf auf die Idee, aus allen anderen Ladas die Sicherheitsgurte herauszuschneiden, aneinanderzuknoten und daraus ein Abschleppseil zu basteln. Anschnallgurte waren in Belarus kein Mehrwert in einem Auto. Als es in Deutschland schon längst selbstverständlich war, sich bei jeder Fahrt anzuschnallen, hielt man das in den russischen Republiken noch für Verweichlichung. Ein echter Mann hatte keine Angst vor dem Tode, man schnallte sich doch nicht an! Sie schafften es, auch diese Fahrt mit heiler Haut zu überstehen.
Einmal im Winter erzählten sie uns von einer gesprungenen Windschutzscheibe, die dann bei Eis- und Schneetreiben endgültig in tausend Scherben zerbarst. Die fünf fuhren unbeirrt weiter und wechselten sich alle halbe Stunde im offenen Auto ab, damit der Fahrer bei fünf bis zehn Grad minus nicht erfror. Auch dies war kein wirklicher Grund zu jammern, außer einer kleinen Erkältung hatte man keinen Schaden davongetragen.
Die in diesen Tagen üblichen stundenlangen, wenn nicht gar tagelangen Wartezeiten an den Grenzen waren nicht nur nervtötend, sondern auch gefährlich. Es bildeten sich Banden, die daran verdienten, dass die Staatsorgane alle Augen zudrückten. Bei entsprechender Bezahlung konnte man vom Ende der Schlangen, die an diesen Grenzen ein Dauerärgernis waren, auf einen besetzen Warteplatz weit nach vorne rutschen. Und man konnte freies Geleit durch Polen erkaufen, alles unter den Augen der deutschen und polnischen Grenzer. Es war kaum zu glauben, aber auch hier funktionierten die Bandenstrukturen exzellent. Damit man auf polnischer Seite nicht dauernd angehalten wurde oder eventuell gar überfallen, konnte man noch auf deutscher Seite einen Obolus entrichten, damals zwischen 20 und 50 DM, man erhielt dann einen kleinen roten Punkt, der auf die Windschutzscheibe geklebt wurde, und konnte einigermaßen sicher sein, dass man die knapp 700 Kilometer von West nach Ost durch Polen in Ruhe

zurücklegen konnte. All diese „Kosten" waren fest in den Fahrzeugpreis einkalkuliert.

Während dieser Zeit hatten wir noch einen weiteren Weißrussen näher kennengelernt. Auch er kam sehr regelmäßig: Vladimir M., Major der siegreichen Roten Armee, wohnhaft in einem geheimen Militärort mitten in Belarus, war aus anderem Holz geschnitzt als unsere liebenswerten, aber doch etwas chaotischen „Baranovicis". In seinem Heimatort waren die berühmten SS-20-Raketen stationiert. Dort lebten etwa 5.000 Menschen, Soldaten mit ihren Frauen und Kindern, nicht nur in Kasernen, sondern auch in ganz normalen Wohnhäusern. Es gab eine Schule, Kindergärten und ein Sanatorium. Vladimir hatte andere Interessen, er wollte nicht nur Geschäfte machen, sondern auch Deutsch lernen. Wir ermöglichten ihm den Deutschunterricht bei einem Russlanddeutschen in unserer Möllner Nachbarschaft, und anhand eines Kinderschulbuches erwarb er schnell so gute Kenntnisse, dass wir uns intensiv auch über schwierige Details unterhalten konnten.

Vladimir kannte die Verhältnisse im gesamten Warschauer Pakt, dem Militärbündnis der Ostblockstaaten, sehr genau und hatte an vielen wichtigen Stellen ehemalige Kameraden und Freunde sitzen. Da uns unser erster russischer Kontaktmann, Gennadi, mit dem wir seinerzeit die Fahrten nach Leningrad, St. Petersburg, durchgeführt hatten, inzwischen verlassen hatte, nahm Vladimir seinen Platz ein und verhandelte mit allen russischsprachigen Kunden in unserem Sinne. Er wollte unbedingt lernen, wie die westliche Wirtschaft funktionierte. Gerne blieb er ein paar Tage bei uns, besuchte mit uns kulturelle Veranstaltungen, hörte Konzerte und kochte für uns. Die Kinder liebten Vladimir, da er kleine, witzige Geschenke bastelte oder mitbrachte und immer Zeit zum Spielen hatte. Sehr bald schaffte er sich ein Handy an und besorgte gezielt Autos für seine festen Kunden. Da er das Leben bei uns sehr spannend fand und seiner Frau Larissa unbedingt alles zeigen wollte, luden wir die beiden ein, bei uns in einem Ferienappartement Urlaub zu machen. Die Kinder, Jewgeniy und Boris, blieben dieses Mal noch bei den Großeltern.

Vorbei an endlosen Schlangen an den Grenzen

Larissa freute sich sehr, endlich einmal aus dem abgeschotteten Kosmos eines geheimen Militärlagers herauszukommen. Es war schwierig, als Bewohner der ehemaligen Sowjetstaaten ein Visum zu erhalten. In der weißrussischen Hauptstadt Minsk gab es keine deutsche Botschaft, man musste persönlich nach Moskau fahren und eines beantragen und bezahlen.
Für Frauen war es noch schwieriger, ein Visum zu erhalten, da die deutschen Behörden annahmen, dass die Frauen nur aus einem bestimmten Grund nach Deutschland wollten, einfach so als Touristin mal schauen, erschien ihnen sehr unwahrscheinlich. Nach einigem Hin und Her und einer Einladung unsererseits, in der wir erklärten, für eventuelle Krankheits- oder andere Kosten aufzukommen, erhielt sie ein Visum für fünf Tage.
Stolz zeigte Vladimir seiner Frau die Großstadt Hamburg. Larissa war einerseits überwältigt vom Warenangebot, anderseits aber auch niedergeschlagen davon. Die große, reiche, stolze Nation mit so vielen Errungenschaften, Bodenschätzen und den ganzen Vorteilen des Sozialismus hatte es nicht geschafft, mit dem Westen Schritt zu halten.

Was sollte sie jetzt von ihrem eigenen Staat halten, der doch immer behauptet hatte, nirgendwo sei es so paradiesisch wie in der Sowjetunion! Trotzdem entschlossen wir uns, gemeinsam auf Modeeinkaufstour zu gehen. Vladimir wollte unbedingt, dass seine Frau auch von seinen guten Geschäften profitieren sollte, und lobte 1.000 DM aus, damit sie alle ihre Wünsche erfüllen konnte. Wir besuchten etliche Geschäfte und Larissa probierte nach Herzenslust Hosenanzüge, Kostüme, Röcke und Pullover an. Vladimir und ich saßen auf Sofas oder in Sesseln und begutachteten die Modenschauen. Was uns gefiel, gefiel Larissa nicht so gut, was ihr gefiel, fanden wir nicht so schick. Ich lernte viele interessante Modegeschäfte kennen und merkte, dass das Verkaufen von hochwertiger Damenbekleidung auch nicht einfach war. Die freundlichen Verkäuferinnen hatten mein volles Mitgefühl. Larissa war hin- und hergerissen, einerseits waren 1.000 DM sehr viel Geld, anderseits aber auch für wenige hochwertige Teile schnell ausgegeben.

VON LINKS: ICH, JEWGENIY, LARISSA, VLADIMIR UND CONSTANTIN. WIR FEIERN VLADIMIRS 35. GEBURTSTAG BEI UNS IN SALEM.

Zum Abkühlen der Emotionen mussten wir erst einmal in ein italienisches Eiscafé einkehren und bestellten den „Tutti-Becher", von jeder vorhandenen Sorte eine Kugel, garniert mit Früchten, Sahne und einer kleinen Rakete. Das ganze voll besetzte Eiscafé nahm Anteil und applaudierte beim Anblick dieses Riesenbechers, auch Larissa war besänftigt, sie musste zugeben: So ein gutes Eis hatte sie bisher nur in Odessa auf der Krim, in Moskau und in St. Petersburg gegessen. Wir diskutierten ein bisschen, wohin wir nun noch gehen wollten. Abends

Das Sanatorium in Belarus, Britta mit einem Freund

kamen wir glücklich und erschöpft, wie nach einem langen anstrengenden Arbeitstag, mit vielen Tüten und Schachteln nach Hause. Überrascht hat uns ihr Ausspruch in Hamburg: „Leben hier keine Menschen?" „Doch, wieso?" „Es ist alles so unangetastet sauber und ordentlich, außerdem schwimmen mitten in der Stadt fette, essbare Wasservögel auf der Alster, wieso werden die nicht weggefangen? Wo sind die Angler? In diesem See gibt es doch bestimmt Fische." Dass man den Enten nicht einfach den Hals umdrehen kann und Angeln nur mit Genehmigung möglich ist, fand Larissa äußerst merkwürdig, was war denn das für eine Freiheit? Diese Freiheit und das Leben in Belarus wollten wir nun unsererseits kennenlernen. Wir besorgten ein Visum, kauften die neuesten Straßenkarten und nahmen uns eine Woche frei. Vladimir war stolz und froh, dass wir endlich sein Land besuchen wollten. Da er nur eine kleine Dreizimmerwohnung besaß und in seinem Ort ein schönes, großes Sanatorium stand, buchte er dort eine Suite für uns.

Der 20-Dollar-Stein oder die Badewanne für 6 Mongolenfürsten

Wir starteten frühmorgens via Berlin, dann quer durch Polen und fuhren zügig bis zur weißrussischen Grenze. Stau, Stillstand, lange Schlange. Wir waren fest an diesem Mittwoch mit Vladimir verabredet, er wartete auf der anderen Seite, unser Handy funktionierte nicht mehr, aber es war doch alles besprochen. Die Schlange kroch langsam dahin, links und rechts neben der Straße waren kleine Wälle aus Abfall, Toiletten gab es nicht, einschlafen konnte man auch nicht, sondern musste immer sofort vorrücken, sonst war, schwupp, jemand anders vor einem.

Meine Frau wanderte an der Schlange vorbei bis zum Grenzposten, um zu sehen, wie weit es war. Circa drei Kilometer noch und es ging nur schleppend voran. Heute würden wir es nicht mehr schaffen, aber umdrehen? Es wurde bereits dunkel und kalt, links und rechts hinter den Müllwällen wurden kleine Feuerchen entzündet. Da kam ein etwa vierzehnjähriger Junge auf unseren Wagen zu und fragte, ob wir einen großen Stein für 20 Dollar kaufen wollten. Wir lachten und fragten ihn: „Warum sollen wir denn deinen Stein kaufen?" „Er kann sonst leicht in die Windschutzscheibe fallen", erhielten wir zur Antwort. Ich war sprachlos. Die Russen um uns herum lachten und bekamen genau mit, was bei uns passierte. Sie waren etwas schadenfroh, mussten doch alle Fahrzeuge mit Ausfuhrkennzeichen oder russischen Kennzeichen in Polen ihren oben beschriebenen Obolus entrichten, nur wir mit dem privilegierten, westdeutschen Kennzeichen waren verschont geblieben. Nun holten sich die modernen Wegelagerer ihren Zoll. Eine kaputte Windschutzscheibe beim Nissan Patrol war nicht nur unangenehm, sondern auch teuer, also hatten wir ein Einsehen und bezahlten die 20 Dollar – allerdings in D-Mark, aber das war dem Jungen auch recht.

Die Nacht war ungemütlich und wir hörten von anderen Grenzfahrern wilde Geschichten, die sich alle angeblich hier zugetragen haben sollten: von verschwundenen Personen und gestohlenen Autos, von Schmugglern und Polizeieinsätzen und hin und wieder auch lustige Begebenheiten. Diesen Weg machten unsere Baranovicis also jede Woche und Vladimir jede zweite Woche! Wir teilten heißen, russischen Tee, eingelegte ukrainische Tomaten, westdeutsche Schokolade und Obst und überstanden die Nacht. Am Morgen überlegten wir schon, ob es sich überhaupt noch lohnte, über die Grenze zu fahren, auf unseren Straßenkarten war Vladimirs Wohnort natürlich nicht verzeichnet. Unter Garantie gab es in Belarus keine Straßenschilder, die den Weg zuverlässig anzeigen würden, und eines war klar: Allein würden wir den Ort Gesgalo nicht finden. Was würden wir tun, wenn Vladimir keine Geduld mehr gehabt hatte und nicht mehr dort wartete? Wir überlegten schon, ob es nicht besser wäre, hier wieder umzudrehen, aber inzwischen war es so voll und eng, dass wir gar nicht aus der Schlange herausgekommen wären, also langsam weiter. Es blieben immer noch unsere Kunden in Baranowitschi, diese Stadt war auf unseren neuen Karten verzeichnet und die Adresse hatten wir in der Tasche. Dann eben einen Ausflug dorthin, nachdem wir nun schon so lange ausgeharrt hatten, wollten wir zumindest einmal hereingeschaut haben.
Nach einer unangenehmen Grenzabfertigung waren wir mittags endlich im Land des Diktators Lukaschenko. Links und rechts Wald und ein kleiner Parkplatz mit einem weißen Opel Omega Caravan, Vladimirs Auto! Er lag gemütlich darin und wartete auf uns. Wir waren sehr überrascht, damit

Grillen im Wald in Vladimirs verbotener Stadt

hatten wir nicht gerechnet. Er wusste, dass wir kommen würden, immer wieder hatte er Grenzgänger gefragt, ob die einen schwarzen Nissan Patrol mit westdeutschem Kennzeichen in der Schlange gesehen hatten. Für ihn war vollkommen klar gewesen, dass wir kommen würden, also harrte er geduldig aus.
Ein eigenartig leeres Land nahm uns auf. Die Dörfer waren in großen Abständen links oder rechts von der Hauptstraße. Der einzige Bus auf dieser Strecke hielt irgendwo im Nichts und die Menschen mussten quer über riesige Felder in ihr Dorf laufen. Nur wenige Privatautos fuhren, dafür immer mal wieder riesige Militärfahrzeuge einzeln oder in Kolonnen, es war gespenstisch. Dann, ohne Vorwarnung oder Hinweis, scharf rechts ab, weiter auf einer Rumpelstraße durch einen dunklen Wald und dann unvermittelt ein großer Ort. Wir hatten uns beim Treffen an der Grenze kurz besprochen, dass unser Wagen sofort in eine streng gesicherte Garage gestellt werden sollte. Vladimir wollte uns dann fahren, beziehungsweise sein Schwager Boris, der rund um die Uhr zu unserer Verfügung stand. Direkt vor dem Ort waren links und rechts kreuz und quer Garagen in den Wald hineingebaut, tief ausgefahrene Wege mit großen Schlaglöchern führten durch das Gewirr – offensichtlich hatte hier jeder gebaut, wie er lustig war, manche Garagen groß mit Umzäunung und Hunden und Hühnern, manche einfach hingeworfen. Ruck, zuck war unser Auto untergestellt, alles wurde verriegelt und verrammelt und Vladimir riss einen 20-DM-Schein in der Mitte durch, die eine Hälfte erhielt der Nachbarsohn mit dem Versprechen, die zweite Hälfte nach Ablauf der Woche zu erhalten, wenn alles in Ordnung war.
Wir stiegen um in den Opel und Vladimir fuhr uns zu dem Hotel. Es war ein Erholungsheim für die verdiente Nomenklatura des Sowjetsozialismus, die Gegend galt als Luftkurort – Tschernobyl und die Reaktorkatastrophe spielten keine Rolle. Die Suite in dem Plattenbau entpuppte sich als große Vier-Zimmer-Wohnung mit Vorraum, Fernsehzimmer, zwei Schlafzimmern und einem Besprechungsraum (großer Tisch, viele Stühle, die üblichen Bilder der Helden der Sowjetunion an

der Wand), aber das Tollste war das Badezimmer. In einem 20 Quadratmeter großen Raum thronte in der Mitte auf einem Sockel eine gemauerte und geflieste Badewanne, oder soll man sagen: ein kleines Schwimmbad? Aus dem Fenster im achten Stockwerk sah man auf die undurchdringlichen Pripjetsümpfe mit vielen seltenen Säugetier- und Vogelarten. In dieser Badewanne hatten sechs Mongolenfürsten Platz. Was für eine maßlose Verschwendung. Offensichtlich hatten in diesem Erholungsheim häufig auch sehr hohe Funktionäre mit Anhang

Die Strassen sind voller Menschen.

residiert, inzwischen war der Sowjetglanz zwar etwas abgewetzt und auch die verwendeten Farben entsprachen nicht mehr unbedingt dem Zeitgeschmack, aber das ganze Hotel atmete noch den Ruhm vergangener Tage.

Essen gehen konnte man nur in einer kleinen Bar im Keller, der Speisesaal war mangels Essenslieferung geschlossen, damit hatten die Besucher aber gerechnet und jeder versorgte sich im örtlichen Magazin gleich um die Ecke oder hatte alles von zu Hause mitgebracht. Wir sollten uns unauffällig verhalten und vor allen Dingen nicht kundtun, dass wir Deutsche waren – eigentlich war es natürlich kein öffentliches Hotel und schon gar nicht für subversive Ausländer!

Morgen früh würde Boris uns mit einem Dienstfahrzeug abholen, jetzt sollten wir erst mal ausschlafen. Das war nach der durchwachten Nacht an der Grenze auch nötig. Wir genossen aus unserer Ecksuite die Aussicht in drei Richtungen, vorne hinaus in das hügelige Flachland mit den glasklaren Seen und den ausgedehnten Auewiesen, hinten dann über den dunklen Wald in Richtung der Hauptstadt Minsk und über Eck auf den quirligen Ort.
Da fuhr plötzlich so ein Ungeheuer um eine Straßenecke: auf einem riesigen MAZ-547V-Transporter, umgebaut zu einer Startrampe, wurden SS-20-Raketen transportiert. Außer uns nahm niemand davon Notiz, hier schienen solche Anblicke zum Alltag zu gehören. Dieser geheime Militärort beherbergte also tatsächlich die gefährliche russische Mittelstreckenrakete. In unterirdischen Silos lagerten direkt neben uns, ausgerichtet nach Westeuropa, die atomaren Antworten auf die westlichen Pershing II und Cruise-Missiles. Im Unterschied zu den amerikanischen Entwicklungen waren die SS-20-Raketen aber nicht interkontinental, sondern konnten nur Ziele in Europa erreichen. Diese leistungsstärkste jemals hergestellte Mittelstreckenrakete hatte bei keinem einzigen Start auch nur die kleinste Fehlfunktion. Der lange Atem des NATO-Doppelbeschlusses vom 12. Dezember 1979 warf hier im Herbst 1991 noch seine Schatten. Damals hatten die Verhandlungen mit dem Warschauer Pakt zur beiderseitigen Begrenzung des atomaren Wettrüstens zu keiner Einigung geführt. Schließlich stellten die NATO-Mächte in Westeuropa die neue Generation der Pershing-II-Raketen und der Cruise-Missiles auf. Den Warschauer Pakt gab es 1991 zwar nicht mehr, aber die sowjetischen Waffen waren einfach auf dem Staatsgebiet der jungen Republik Belarus stehen geblieben, jetzt in den Händen eines unberechenbaren Diktators.
Das, was wir hier gerade erlebten, wäre noch vor ganz kurzer Zeit völlig unmöglich gewesen und hätte bei unserer Entdeckung unweigerlich zum Besuch eines wenig komfortablen Gulag-Lagers in den Weiten Sibiriens geführt. Wir sahen ein, dass es richtig war, in unserer Suite zu bleiben und möglichst nicht aufzufallen.

Am nächsten Morgen holte Boris uns ab und wir waren zu einem üppigen Frühstück bei Vladimir geladen, gebratenes Fleisch, Bratkartoffeln, eingelegte Pilze und Milchprodukte. Trotz der allgemeinen Versorgungsengpässe in Belarus herrschte in diesem Mirkokosmos des Militärs offensichtlich kein Mangel. Danach wollten wir in Minsk den dortigen Automarkt in Augenschein nehmen. Über leicht vereiste, breite Straßen ging es mit geringer Geschwindigkeit in Richtung Osten. Vor der Hauptstadt waren, wie überall im Sowjetreich, Straßensperren mit am Tage offenen Schlagbäumen und jungen Soldaten mit Kalaschnikows im Anschlag; bei Bedarf schloss man tags oder nachts diese Schlagbäume – ohne Vorwarnung. Am Tage durfte man nur im Schritttempo passieren, wer sich nicht daran hielt, musste mit Gewehrfeuer rechnen. Die links und rechts der Straße liegenden von Kugeln durchlöcherten Fahrzeuge sprachen eine beredte Sprache.

Automarkt in Minsk

Minsk empfing uns, wie alle russischen Großstädte, mit den immer gleichen, hässlich modernen Trabantenstädten, riesige Wohnblocks, aus denen der Mörtel quoll, bei manchen fehlten an der Front offensichtlich die geplanten Balkone, Türen waren vorhanden, aber die Balkone nicht. Dann kamen wir ins Zentrum. Da Minsk von den Deutschen im Zweiten Weltkrieg fast vollständig zerstört worden war,

hatte man jetzt Platz für eine großzügige Stadtanlage gefunden, Parks und breite Boulevards säumten die stalinistischen Bauten im präbarocken Zuckerbäckerstil. Die Straßen waren voller Menschen und an den Straßenecken standen meist ältere Leute, die versuchten, irgendetwas Überflüssiges oder Selbstgezüchtetes zu verkaufen. Wie auch schon in St. Petersburg war das äußere Erscheinungsbild der Passanten sehr adrett, man kleidete sich hübsch, wenn man auf die Straße ging. Besonders die Frauen legten großen Wert auf ein gepflegtes Erscheinungsbild. Aber natürlich sah man auch abgerissene, arme Menschen und manchmal lagen Betrunkene auf dem Bürgersteig – das rührte aber niemanden, man kümmerte sich um seine eigenen Angelegenheiten.
Wir fuhren weiter zu einem der großen Automärkte. Wir wollten schauen, wie das Geschäft hier funktionierte, und gerne eine alte Limousine aus russischer Produktion kaufen, einen Wolga oder einen SIS oder SIL hatten wir uns in unserer Naivität vorgestellt. Vladimir hatte sich für unseren Besuch ganz selbstverständlich eine Woche frei genommen und stand zur Verfügung. Er war sehr stolz darauf, dass wir Fahrzeuge aus russischer Produktion erwerben wollten. Der Automarkt entpuppte sich als riesiger Gebrauchtwarenmarkt aller Art unter freiem Himmel. Die festen Teile-Händler hatten sich inzwischen Buden und Baracken gebaut, Schaschlikbrater standen an den Ecken und es duftete nach allen Gerüchen des Ostens. Verkaufsstände mit Kwas (leichtes Bier), mit Trauben von Menschen davor – mangels leerer Flaschen wurde die Flüssigkeit auch schon mal in Plastiktüten abgefüllt –, außerdem Obst- und Gemüsestände. Es gab bestimmte Männer, die die Aufsicht hatten, andere waren zur Bewachung oder für niedere Arbeiten da – eine straffe Hierarchie sorgte für eine gewisse Ordnung. Auch Uniformierte patrouillierten, kontrollierten und kassierten.

Wolga, SIS und SIL

Die angebotenen Wolga-Limousinen waren alle in erbärmlichem Zustand, ehemalige Staatslimousinen waren irgendwann in Privatbesitz übergegangen und es gab wohl keine Möglichkeit, in eine freie Werkstatt zu gehen, um Wartungen durchzuführen. Solch ein privates Geschehen war im real existierenden Sozialismus-Kommunismus von Belarus nicht vorgesehen. Die Selbstversuche der neuen Besitzer hatten dann zu einem Lebenserhalt geführt, aber es waren für unser Verständnis keine Fahrzeuge, die man hätte kaufen oder sammeln können. Die Ansprüche an Automobile waren offensichtlich völlig unterschiedlich: Wir wollten einen werthaltigen Gegenstand kaufen, und die Menschen hier benötigten einfach ein großes fahrbares Etwas. Schönheit, Sauberkeit, Originalität und all diese Dinge spielten hier keine Rolle. Die Verkäufer reagierten immer mit völligem Unverständnis auf unsere Anmerkungen: „Was wollten wir eigentlich? Einen Neuwagen von 1956? Diese Westler mit ihren verrückten Vorstellungen!" Vladimir musste sich auf Belarussisch sicherlich noch ganz andere Beschimpfungen anhören und übersetzte uns sehr moderat die Gemütslage der enttäuschten Händler.

GAZ oder Wolga von dem Hersteller GAZ, Gorkier Automobilwerk, befindet sich im zentralrussischen Nischni Nowgorod und produziert seit 1932 Automobile. Der rundliche Wagen mit dem Rentier im Logo hatte etwas von einem frühen Ford. Noch in den letzten Kriegstagen 1944 wurde der „Pobeda" vorgestellt und ab 1946 in Serie produziert. Seit 1956 wurde der Wolga mit der Modellbezeichnung GAZ-21 gebaut und schnell zum offiziellen Vehikel der Staatselite. Die Ähnlichkeit mit der Marke Ford aus diesen Tagen ist auch nicht verwunderlich, da bereits 1932 die Amerikaner beim Aufbau des Auto-

werkes behilflich waren und lange Zeit das Vorbild in der Produktion und dem Design von PKW blieben.
Der Wolga war im russischen Sprachgebrauch immer „Defizit" gewesen, also Mangelware. Er strahlte Macht und Standesbewusstsein aus und blieb für die meisten Sowjetbürger ein unerreichbarer Traum – bis zum abrupten Ende der Sowjetunion. Der KGB, Kremlbeamte und Taxifahrer verkauften jetzt ihre langjährigen Gefährte und erwarben westliche Luxuslimousinen. Nachteilig war der auch schon für damalige Zeiten enorme Spritverbrauch, der in keinem Verhältnis zu den Fahrleistungen stand. In der Sowjetunion spielte dies aber nur eine untergeordnete Rolle, da Benzin billig war und der Wolga fast jede Qualität an Kraftstoff schluckte. Auch dies änderte sich natürlich nach dem Ende der Sowjetunion gravierend. Die öffentlichen Tankstellen erhielten in diesen Übergangstagen häufig nur kleine Kontingente an Benzin und Diesel und an einigen Tankstellen konnte man nur gegen Coupons, welche eigentlich nur an große Staatsbetriebe ausgegeben wurden, tanken. Überlistungen gelangen uns mit der illegalen Zweitwährung: Schokolade und US-Dollar.

DER AUTOMARKT IN MINSK

Ein Eisenwarenhandel

2005 hat der Erzkapitalist Oleg Deripaska, mit einem Privatvermögen von 5,8 Mrd. Dollar (Forbes-Liste von 2005), Anteilseigner an Automobilwerken und Aluminiumschmelzen, das Ende des Wolga-PKW beschlossen. „Der Wagen entspricht nicht mehr den Anforderungen der Zeit." Künftig sollen nur noch Kleinbusse, LKW und Transporter gebaut werden. Auch der Zusammenbau ausländisch gefertigter Modelle ist im Gespräch, da die „neuen Russen" mit steigendem Einkommen qualitativ hochwertige Güter kaufen wollen. Die Zeiten, in denen man drei Wolgas in der Garage parkte, um genügend Ersatzteile zu haben, damit mindestens einer fuhr – dies ist eine Aussage des früheren Kreml-Hausmeisters Pawel Borodin, und nicht etwa üble Nachrede von „Besserwessis" –, sind noch gut in Erinnerung.

Mit SIS und SIL, oder auch ZIS und ZIL sah es nicht anders aus. Ich war immer davon ausgegangen, dass es sich um zwei unterschiedliche Autobauer handelte, lernte jetzt aber, dass SIS für Sawod imeni Stalina (also „Stalinwerke") stand und dies einfach nach dem Tode des Väterchens schnellstens in Sawod imeni Lichatschowa umbenannt wurde. So wurde aus SIS einfach SIL und Genosse Stalin aus dem täglichen Leben verbannt.

Die Firma wurde noch vor der Oktoberrevolution in Moskau als Maschinenbau-Aktiengesellschaft (Akzionernoje maschinostroitelnoje obschtschestwo), kurz AMO, im Jahr 1916 gegründet. In Lizenz der Firma FIAT sollten Lastwagen produziert werden. Aufgrund der Schwierigkeiten durch den Ersten Weltkrieg gab es zunächst keine eigenständige Produktion, sondern es wurden nur aus Italien gelieferte

Teile zu Lastwagen zusammengeschraubt. 1924 wurde der erste in Serie gefertigte eigene LKW gebaut. Auch dies war ein Nachbau eines Fiat F-15, er erhielt den Namen AMO-F-15. Damit wurden die AMO-Werke der erste Fahrzeughersteller in der Sowjetunion. 1931 wurde das Kombinat in Sawod imeni Stalina, SAS/ZAS, nach Josef Stalin benannt. Das Produktionsprogramm wurde erweitert auf geländegängige LKW, komfortable Busse und große Limousinen.
1956 erhielt das Werk nach dem XX. Parteitag der KPdSU, auf dem Chruschtschow in einer Geheimrede die Verbrechen Stalins verurteilte und damit die sogenannte Entstalinisierung einleitete, den Namen SIL/ZIL Sawod imeni Lichatschowa. Lichatschow war Direktor des AMO bzw. ZIS-Werkes gewesen und offenbar als Techniker des Stalinismus unverdächtig. Nun durfte seine langjährige Wirkungsstätte seinen Namen tragen. Bis heute produziert das Werk Automobile, Nutzfahrzeuge und Militärfahrzeuge.
Die in Minsk auf dem Markt angebotenen Modelle waren die ersten ihrer Art, welche ich in natura besichtigte. Die Karosserien der verschieden alten Autos unterschieden sich kaum, mal runde Doppelscheinwerfer mit flachem Kühlergrill, mal amerikanisierte Modelle mit quadratischen Scheinwerfern. Lieblos und husch, husch von innen mit für unsere Begriffe ungeeigneten Materialien zusammengehauene Fahrzeuge, das Armaturenbrett unaufgeräumt, die einzelnen Anzeigen nur schwer zu finden und zu identifizieren und die Polster hinten aus schmuddeligem Textil.
Es machte keinen Sinn, weiter auf diesem Markt zu suchen, und wir beschlossen, wieder in Vladimirs Heimatort zu fahren. Da es noch nicht richtig geschneit hatte, wollten wir draußen grillen. Eigentlich war die Zeit der Sommerküche auf dem Lande schon vorbei, aber wie auch in Westeuropa wurden hier die Winter immer kürzer und harmloser. Meine Frau hatte einen dicken Daunenmantel und Winterstiefel an und ich trug ebenfalls eine dicke Lederjacke mit Fell. Es war so um die Null Grad und ein scharfer Ostwind fegte über das offene Land. Wir zogen uns in den kleinen Wald mit den vielen Garagen

zurück. Zwischen den Bäumen und Garagen fand man immer ein Plätzchen, an dem es nicht zu stark wehte.
Larissa hatte Kuriza, also Hühnchen, in eine Würzsoße eingelegt. Vladimir entfachte ein Holzfeuer in einer alten Lastwagenfelge, die in den Boden gegraben worden war. Es fanden sich einige Garagennachbarn ein, die ein kleines Schlückchen auf unser Wohl tranken und mit guten Ratschlägen, eingemachten, selbst gesammelten Pilzen und Gurken aushalfen. Als es langsam dunkel wurde, schlich die Eiseskälte in die Knochen, da half nur ein „Wässerchen"; ich musste an die unsäglichen Kämpfe des Zweiten Weltkrieges in diesem Abschnitt denken und konnte nachvollziehen, was die Soldaten gemeint hatten, wenn sie vom russischen Winter sprachen. Die Hähnchenteile mit den wunderbaren Zutaten schmeckten köstlich. Als wir alles aufgegessen hatten, jagten zwei hupende Ladas durch das Gewirr der Garagen: Unsere „Baranovicis" fielen ein. Sie hatten von einem Bekannten, der uns in der Grenzschlange gesehen hatte, erfahren, dass wir in Belarus waren. Sie mussten kommen! Dreihundert Kilometer Fahrt waren doch kein Hindernis! Endlich waren wir als Gast in ihrem trotz aller Beschränkungen und Unterdrückungen innigst geliebten Heimatland. Sie hatten unsere Ankunft schon vorher freudig gefeiert und fielen aus den Türen ihrer Ladas heraus. Großes Hallo und Tränen der Freude, so eine liebevolle Begrüßung hatten wir nicht erwartet! Aus dem Kofferraum zauberten sie eine Art Bierkasten mit kleinen Wodkaflaschen und waren nicht mehr zu bremsen. Die Kälte war vergessen, Andrej und seine Cousine hatten Bajan und Cimbal mitgebracht, und die Jungs sangen inbrünstig alte Soldatenlieder, die Nachbarn fielen ein und die Autorität des „alten" Majors Vladimir war nicht mehr zu retten. Bolschoi Prasnik – große Fete.
Am nächsten Tag also auf nach Baranowitschi, eine Stadt mit 170.000 Einwohnern an der Ost-West-Hauptverkehrsachse des Landes. Als ursprünglich polnische Gründung kam die Stadt dann bei der dritten polnischen Teilung (1795) zum Zarenreich. Aufgrund der Lage wurde die Stadt zu einem wichtigen Eisenbahnknotenpunkt; in Ost-West-

Ein wildes Durcheinander von Autos, LKW und Zweirädern

Chaotische Zustände an der Grenze von Polen nach Weissrussland

Richtung die Strecke Warschau–Minsk–Moskau und in Nord-Süd-Richtung die Verbindung von Vilna nach Lwow. Während des Ersten Weltkrieges wurde die Stadt aus diesem Grund von deutsch-österreichischen Truppen besetzt und im Juni 1916 wurden Baranowitschi und Umgebung zum Schauplatz einer der opferreichsten Schlachten des Ersten Weltkrieges, innerhalb weniger Tage fanden fast 100.000 Soldaten hier den Tod.

ENDLICH IM LAND DES DIKTATORS

Zwischen den beiden Weltkriegen gehörte die Stadt wieder zu Polen und war überwiegend von Polen und Juden bewohnt und blühte wegen der günstigen Lage und der guten Verkehrsanbindungen in alle Richtungen zu einem wichtigen Handels- und Geschäftszentrum auf. Auch damals schon war die Stadt Garnisonstadt und erhielt 1938 wegen der großen Bedeutung einen eigenen Radiosender. Mit Beginn des Zweiten Weltkrieges 1939 besetzten die Russen diesen östlichen Teil Polens und gliederten ihn in die belarussische Sowjetrepublik ein. Die Deutschen marschierten am 25. Juni 1941 in Baranowitschi ein, besetzten die Stadt und richteten ein Ghetto für die 12.000 damals dort lebenden Juden ein. Nur 250 jüdische Einwohner haben den Zweiten Weltkrieg überlebt. Die Zerstörungen des historischen Ortes waren so endgültig, dass die Stadt ganz und gar neu aufgebaut werden musste.

Nun war es eine unschöne, wild wuchernde Stadt, in die offensichtlich in den letzten Jahren nichts mehr investiert worden war. Die einstigen baumwollverarbeitenden Fabriken waren

„UNSERE JUNGS" HABEN ALLE HÜBSCHE, JUNGE FRAUEN.

geschlossen, überall herrschte Mangel und ein gewisses Desinteresse. Schmutz und Unrat lagen herum, in den allgegenwärtigen Plattenbauten säuberte man, wenn überhaupt, nur die eigene Wohnung. Hausflure und Freiflächen gehörten niemandem, also kümmerte sich auch niemand um deren Pflege. Die einstmals, noch in Sowjetzeiten, angestellten Hausmeister erhielten schon lange keinen Lohn mehr und waren mehr in Alibifunktionen vorhanden, ebenso wie die Straßenkehrer oder die Verkäufer in den Magazinen. Warum sollten sie arbeiten? Gelangweilt lungerte man herum, verbrachte seine Zeit „auf der Arbeit", aber eigentlich tat man gar nichts.
Zu unserer Überraschung hatten unsere Jungs alle sehr nette, hübsche junge Frauen. Diese beschlossen, dass man Räumlichkeiten in einem Sanatorium am See mieten sollte und dort gemeinsam feiern könnte. Schon wieder! Sie hatten fleißig gekocht und eingekauft, luden die Autos voll und ab ging es mit rasanter Geschwindigkeit an den idyllisch vor der Stadt gelegenen See. Vladimir zog es vor, nach Hause zu fahren und auszuschlafen, der Glückliche! Ein großer Gemeinschaftsraum in dieser Einrichtung war ein wenig beheizt, die anschließenden Zimmer mit Doppelstockbetten waren winterlich kühl. Während die Frauen den Tisch deckten und die mitgebrachten Speisen aufwärmten, besuchten die Männer die Banja, die Sauna. 120 °C feuchte Hitze, Mütze auf, rein ins Vergnügen. Es verschlug mir den Atem, jetzt fing auch noch einer an, mit einem abgerissenen Zweig leichte Luftbewegungen zu erzeugen – es brannte höllisch auf der Haut. Nach kurzer Zeit raus hier, so extrem draußen die durch-

dringende Kälte war, so extrem war hier drinnen die unerträgliche Hitze. Rot, wie nach einem heftigen Sonnenbrand, hopsten wir nackt durch den Garten, da zog der kleine Sascha plötzlich ein C-Rohr aus einem Kellergewölbe und bespritzte alle mit eiskaltem Wasser aus dem See. Wer das überlebt, bekommt keinen Schnupfen mehr. Rein ins Sanatorium und angestoßen auf die Gesundheit. Immer wieder hat mich erstaunt, wie die Frauen unter diesen widrigen Umständen überhaupt etwas zu essen auf den Tisch bringen konnten, und wie immer in Russland erwartete uns hier wieder etwas landestypisch Köstliches. Erst etwas Keta-Kaviar von der Halbinsel Kamtschatka ganz im Osten des Riesenreiches, dann die üblichen Sakuskis, Vorspeisen, dann ein wunderbares zartes Gulasch mit Kartoffeln. Die Grundlage für eine lange, laute, fröhliche Nacht war gelegt. Zwischendurch wurde dann immer noch etwas Gurkenwasser oder getrockneter Fisch angeboten – so konnte man durchhalten. Mir kam der Spruch aus den 60er-, 70er-Jahren in den Sinn: „Wenn man mit Russen Geschäfte macht, muss man einen Teil seiner Leber opfern." Die Herzlichkeit und Freigebigkeit dieser Freunde rührte uns sehr. Den kurzen Besuch in Belarus behielten wir in bester Erinnerung.

Vladimir betreibt heute in Moskau eine große Firma und entsorgt ehemalige sowjetische Militärplätze. Viele Standorte werden einfach verlassen und alle Gegenstände bleiben zurück. Auch umwelttechnisch macht man sich inzwischen Gedanken und versucht, gefährliche Munition und Gifte richtig zu entsorgen. Die Truppe aus Baranowitschi hat einen Autotransporter für acht PKW gekauft und fährt heute als Lohnunternehmen durch ganz Europa.

Übergang – oder mein Rentnerdasein

Segeln direkt vom Grundstück auf dem Ratzeburger Domsee

Boot zu Wasser

Kurz vor der Jahrtausendwende beschlossen wir, den Laden in Mölln zu schließen. Ich teilte mit meinem Partner Tim Kampschulte die Immobilien in Mölln auf und verkaufte meinen Anteil. Eigentlich hatte ich langsam das Rentenalter erreicht und nach diesen zehn verrückten Jahren wollte ich mal längere Zeit Urlaub machen und mit meinem schönen Schiff auf der Ostsee kreuzen. Wie oft hatte ich schon davon geträumt, mal die Leinen loszumachen und einfach ins Blaue zu fahren, ohne Termindruck und ohne andere Sorgen als: Wo ist der nächste Köbmand, wo kann ich festmachen und aus welcher Richtung kommt der Wind. Viele Freunde und Bekannte hatten sich angeboten, für ein oder zwei Wochen dabei zu sein.

Viele Jahre hatte ich mit dem Schiff an der Travemünder Woche als Start-/Zielschiff teilgenommen. 2001 sollte nun endlich das süße Nichtstun beginnen. Ich rief also Freund Ingo an, ob er mitkommen wolle. „Ja, immer sehr gern, aber im Moment geht es leider nicht." Bei Manfred war gerade Familienkrach und er wollte erst mal alles wieder ins Lot bringen. Thomas konnte unmöglich jetzt und Harry wollte mit seinem eigenen Boot in ein paar Wochen los. Na dann eben allein.

Allerdings war das Schiff für eine Person doch ziemlich groß, gleichzeitig am Ruder stehen und festmachen ging nur bei schönem Wetter und wenig Wind. Britta hatte sich entschlossen, noch mal ein Studium der Betriebswirtschaft anzufangen, und wir telefonierten abends lange miteinander. Es machte für sie auch gar keinen Sinn, an den Wochenenden mit dem Auto irgendwohin zu fahren, auf eine Fähre zu steigen und dahin überzusetzen, wo ich gerade eingeweht war. Außerdem waren noch unsere beiden jüngsten Kinder im Haus und wollten betreut werden. Die Bekannten aus den Travemünder Vereinen waren alle nett, aber die älteren fuhren nur noch kurze Törns und die jüngeren gingen alle noch einer Beschäftigung nach.

Nachdem ich dann den Sommer so verbummelt hatte, kam früh im Jahr der Herbst. Regenböen schlugen gegen die Scheiben, es wurde feucht und klamm an Bord. Das Wasser drückte in die Trave, wo ich festgemacht hatte, und das Schiff tanzte ungemütlich auf den Wellen und scheuerte an den Dalben. Der Sommer war zu Ende, das Boot musste raus und ins Winterlager. Damit hatte ich dann noch zwei bis drei Wochen zu tun – aber dann? Ich kümmerte mich – so gut es ging – um den Haushalt, brachte die Wäsche zur Mangel, holte die jüngste Tochter von irgendwoher ab und brachte sie irgendwohin, ich kaufte ein, machte den gemütlichen Kamin am Nachmittag an, besuchte meinen Freund und Nachbarn Gerd. Gerd baute erstklassige Bootshänger auf seinem Grundstück, aber die Saison ging von März bis Oktober, und dann wurde es ruhig in seinem Geschäft. Wir hatten lustige Nachmittage zusammen, aber er verbrachte seit Jahren seine Winter in der Karibik und sein Abflugtermin rückte näher. Sollte ich etwa anfangen, Weihnachtsschmuck zu basteln?

Jetzt gibt es schon richtige Tankstellen in und um Moskau.

Zwischenstopp an der Wolga

Thomas Rupf und ich fahren im silbernen 190 SL – ohne Kennzeichen.

Da kam ein Anruf von Stefan, dem Käufer meiner alten Firma. Stefan hatte beschlossen, nachdem er vor Jahren aus Hamburg weggegangen war und südlich von München sein Oldtimer-Geschäft betrieb, nun doch wieder eine Filiale in Hamburg zu eröffnen. Ich sollte nach Bayern kommen und wir wollten besprechen, was wir zusammen tun könnten. Es war eine reizvolle Aufgabe: Zwei bis drei Tage sollte ich in Hamburg an der Kuehnstraße im Stadtteil Jenfeld sein Ladengeschäft voranbringen. Wir wollten den Schwerpunkt auf die angesagten „Youngtimer" legen, die einfach außergewöhnlich gut waren. Ein Glück, mein Rentnerdasein hatte ein Ende.

Mit Eifer stürzte ich mich in die neue Tätigkeit und entdeckte zu meiner eigenen Überraschung die Liebe für die wirklich alten Fahrzeuge wieder neu. Wir waren nicht die Einzigen, die diesen Trend erkannten: Auch die Medien liebten diese bezahlbaren, aber trotzdem besonderen Automobile. Ich war als Interviewpartner gefragt, und auch das Fernsehen klopfte gern an – das Studio Hamburg war ja gleich um die Ecke.

In dem hellen Ausstellungsraum waren schnell 50 bis 100 Fahrzeuge versammelt und von zwei oder drei Tagen Arbeit konnte gar keine Rede mehr sein. Schnell hatte ich wieder eine Sechs-Tage-Woche. Aber die Aufgabe war lohnend, die Objekte waren schön und die Kunden entspannt. Fröhlich fuhr ich morgens zur Arbeit. Der Besuch der großen Messen, in Essen die „Technoclassica" und in Stuttgart

die „Retroclassic", in Bremen die „Motor Show" und andere Ereignisse, diktierte von nun an meinen Jahreslauf. Zusätzlich veranstalteten wir jeden ersten Samstag im Monat einen Schautag mit handgemachter Musik und lockten damit viele Interessierte in den etwas abgelegenen Stadtteil.
Mit dem damaligen Geschäftsführer Thomas Rupf wurde ich nach Moskau eingeladen und wir fuhren die Rallye auf dem Goldenen Ring, wo wunderschöne alte Städte liegen, manche hübsch restauriert, andere verfallen. In drei Tagen ca. 1.600 Kilometer über russische Straßen, bewaffnet mit einem Bordbuch in kyrillischen Buchstaben – leider konnten wir beide diese Schrift nicht lesen – also per Hinterherfahrt-Navigation im historischen 190 SL. Nummernschilder brauchten wir nach Ansicht des exklusiven Oldtimerclubs aus Moskau nicht – die Polizei wüsste schon Bescheid.
Und tatsächlich, bereits vor den Städten war der Gegenverkehr ganz gesperrt oder wurde auf eine Spur abgedrängt und wir rasten, empfangen und umjubelt von der begeisterten Bevölkerung, einfach hindurch oder erhielten auf dem Hauptplatz vom Bürgermeister einen kleinen Empfang. Alles war perfekt organisiert, zu den Mahlzeiten waren bereits Zelte aufgestellt und ein zaristisches Buffet wartete auf die hungrigen Fahrer, oder an der Wolga hatte man einen riesigen Grill aufgebaut und die Köstlichkeiten brutzelten bei unserer Ankunft schon vor sich hin. Wir kamen glücklich wieder in Moskau an, die Bremsen unseres Wagens hatten sich auf dem schweren Weg komplett verabschiedet und auch sonst hatte der schöne 190 SL einige Blessuren davongetragen. Aber der Besitzer lachte nur und freute sich, dass wir Spaß an der Fahrt gehabt hatten.
Ein großes Prasnik mit der Verteilung der Siegerpokale schloss sich an. Als Abschiedsgeschenk für jeden ein Käppi und ein Polohemd mit dem Logo des Oldtimerclubs Moskau und ein wunderschönes, ledergebundenes Fotoalbum mit den Höhepunkten der Drei-Tages-Rallye. Voller wunderbarer Eindrücke, aber restlos übermüdet, stiegen wir am nächsten Tag in den Flieger nach Hamburg.

Ich bin wieder Jungunternehmer

2010 machte ich mich dann noch einmal selbstständig. Schnell hatten wir wieder einen Bestand von 30 bis 40 Fahrzeugen und stellten fest, eine große Garage und ein größerer Schauraum müssten her. Nicht einfach zu finden im eng besiedelten Stadtteil Eimsbüttel. Da kam wieder einmal das Glück in Form eines Nachbarn zu Hilfe. Nils F. besitzt im Anschluss an unseren Hof ein Hausgrundstück, welches mit einem sehr attraktiven modernen Gebäude bebaut ist. Die Souterraingarage und die Premiumfläche im Erdgeschoss waren noch frei, einzige Schwierigkeit: Es gibt keine Zufahrt für Fahrzeuge in den Laden.

Aber auch dieses Hindernis ließ sich mit moderner Hubtechnik einfach lösen, und so haben wir seit dem Jahr 2012 wieder einen wunderschönen Laden mit außergewöhnlichen Fahrzeugen. Ich bin selbst immer wieder überrascht, welche wirklich besonderen Automobile ihren Weg zu uns finden. Es macht große Freude, für diese Preziosen neue Besitzer zu finden. Und wir stellen fest, auch unsere Kunden merken, es ist nicht einfach nur ein Handel mit Objekten. Man muss die Objekte kennen und lieben. Ich lebe mit ihnen. Im täglichen Betrieb fahre ich Autos aus den 30er- bis 50er-Jahren. Rentner will ich vorläufig nicht wieder werden.